オスマン帝国の解体

文化世界と国民国家

鈴木　董

講談社学術文庫

目次

オスマン帝国の解体

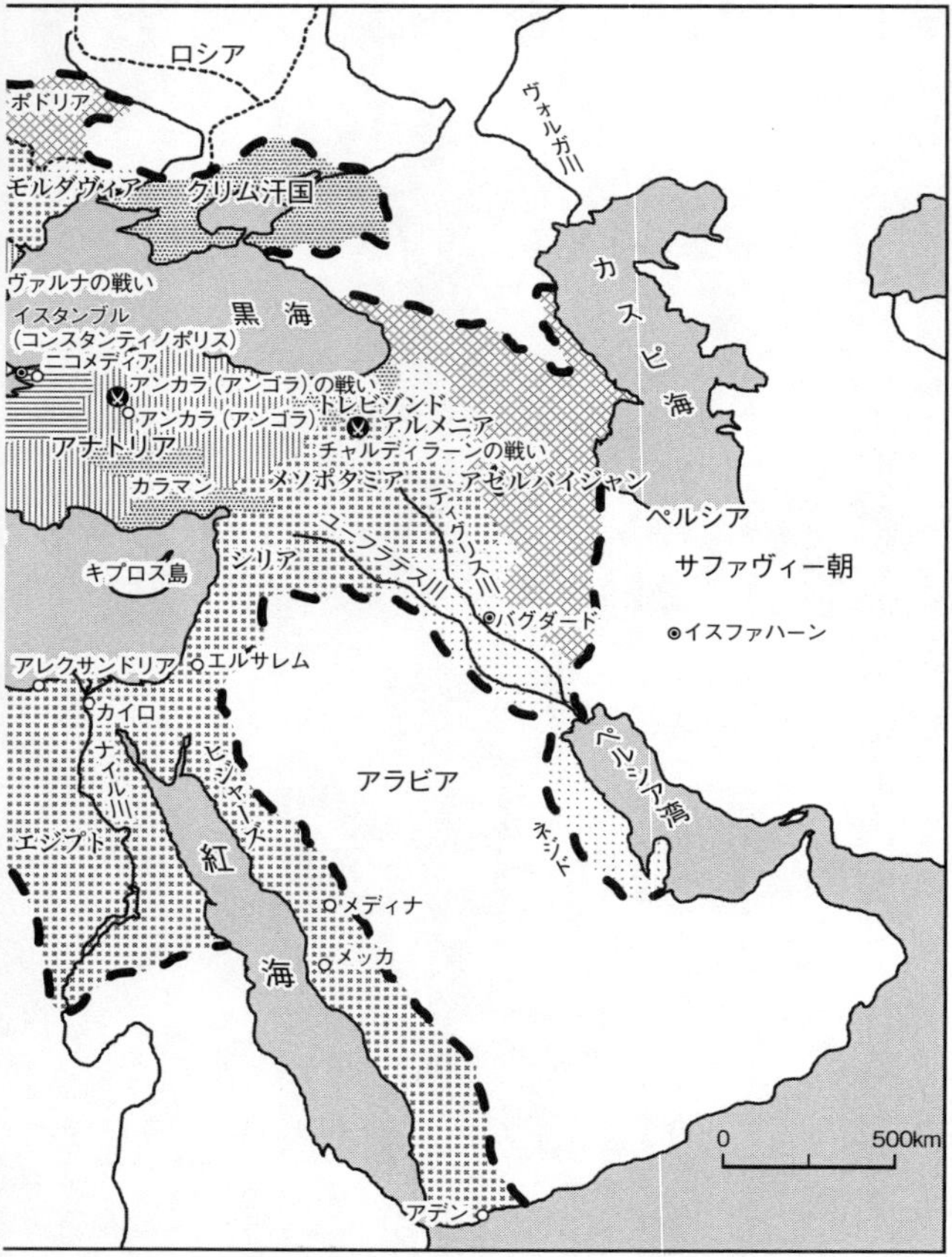

ロシア
ポドリア
モルダヴィア
クリム汗国
ヴォルガ川
カスピ海
ヴァルナの戦い
イスタンブル
(コンスタンティノポリス)
ニコメディア
黒海
アンカラ(アンゴラ)の戦い
アンカラ(アンゴラ)
トレビゾンド
アルメニア
アナトリア
チャルディラーンの戦い
カラマン
メソポタミア
アゼルバイジャン
ペルシア
サファヴィー朝
ティグリス川
ユーフラテス川
シリア
キプロス島
バグダード
イスファハーン
アレクサンドリア
エルサレム
カイロ
ヒジャーズ
ナイル川
アラビア
ペルシア湾
ネジド
エジプト
紅海
メディナ
メッカ
アデン
0
500km

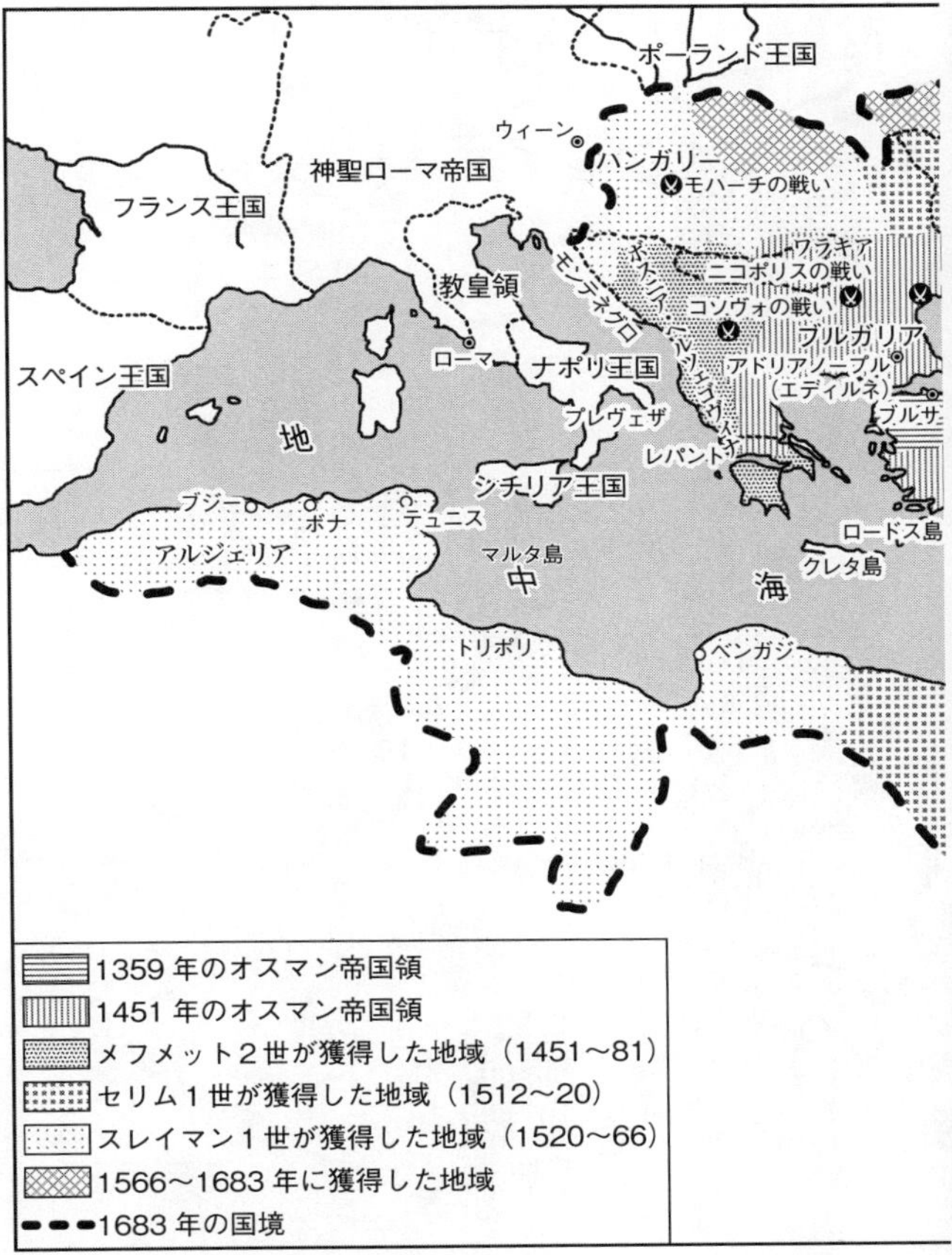

オスマン帝国の拡大（1359〜1683年）

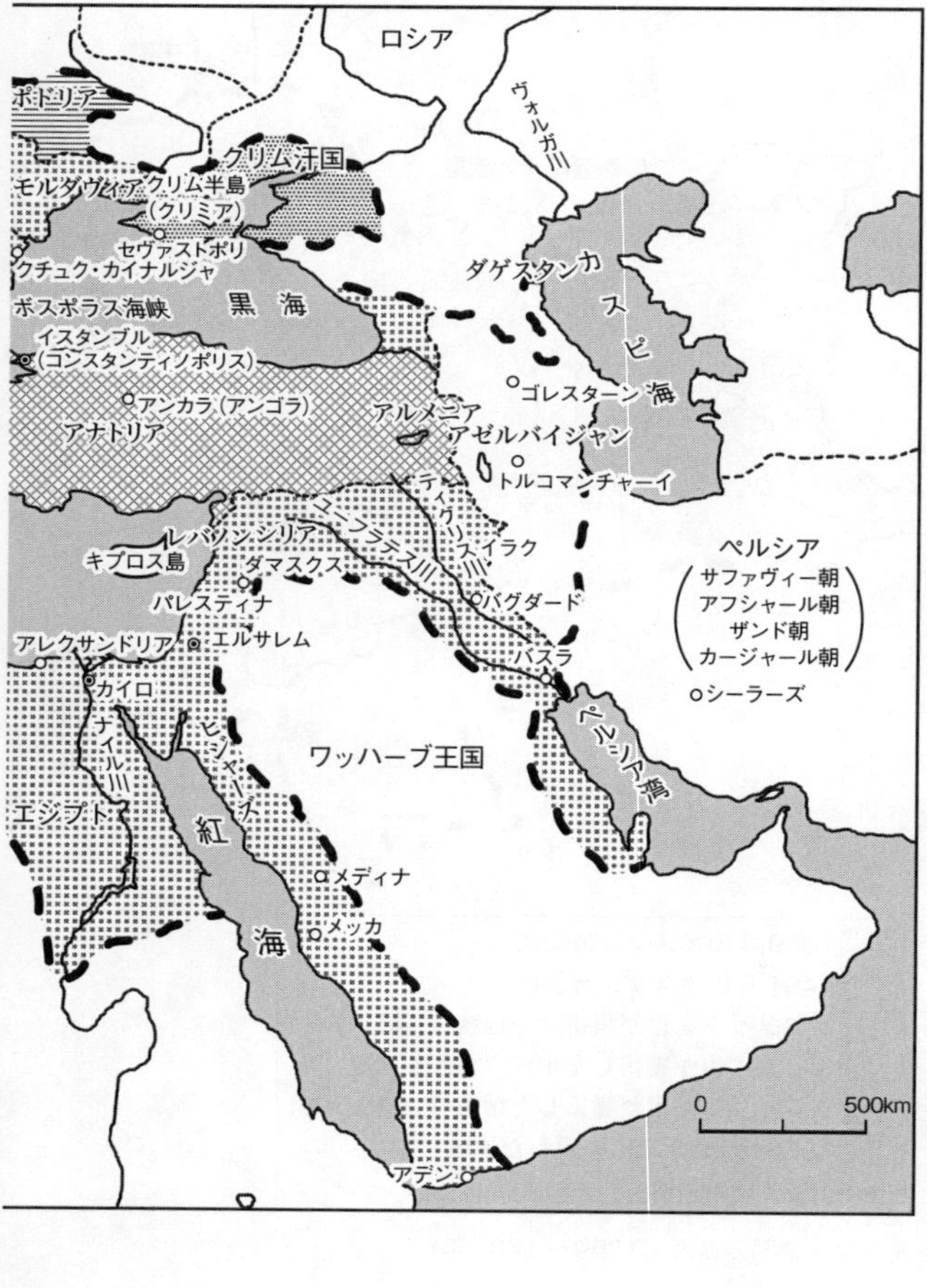
ロシア
ポドリア
ヴォルガ川
クリム汗国
モルダヴィア
クリム半島
(クリミア)
セヴァストポリ
クチュク・カイナルジャ
ダゲスタン
カスピ海
ボスポラス海峡
黒海
イスタンブル
(コンスタンティノポリス)
ゴレスターン
アンカラ(アンゴラ)
アルメニア
アナトリア
アゼルバイジャン
トルコマンチャーイ
ティグリス川
ユーフラテス川
レバノン
シリア
イラク
ペルシア
サファヴィー朝
アフシャール朝
ザンド朝
カージャール朝
キプロス島
ダマスクス
バグダード
パレスティナ
アレクサンドリア
エルサレム
バスラ
カイロ
シーラーズ
ナイル川
ヒジャーズ
ペルシア湾
ワッハーブ王国
エジプト
紅海
メディナ
メッカ
0
500km
アデン

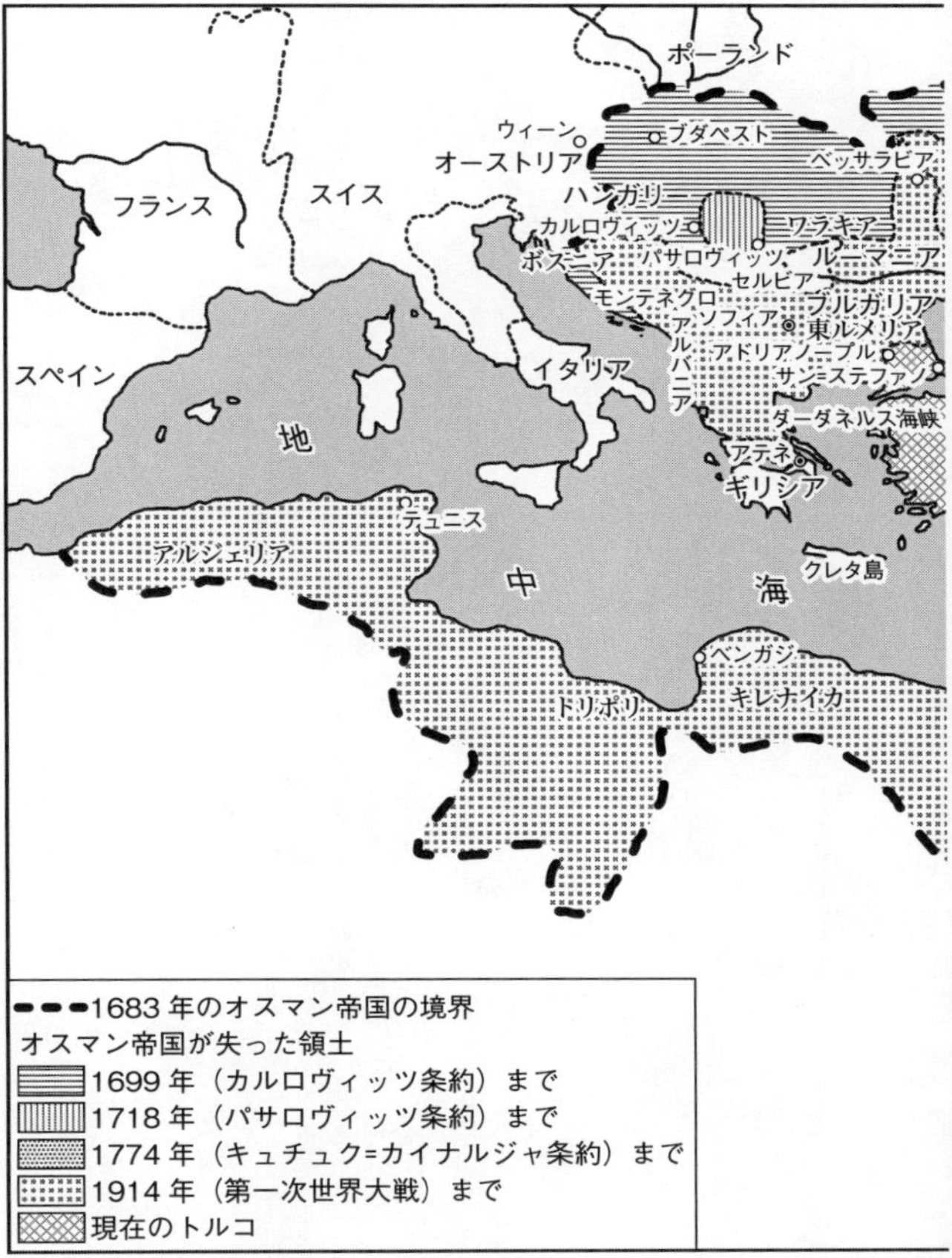

オスマン帝国の縮小（1683～1914年）

オスマン帝国の解体

文化世界と国民国家

プロローグ

再来する民族紛争の時代

二十世紀末、冷戦も終結し、それまでのイデオロギー的対立も終焉に向かい、「歴史の終わり」の無風の時代を迎えるかにみえた頃、新たな紛争の嵐が世界を襲い始めた。なによりも、冷戦の主役を演じた神々とは全く異なる異教の神々、十八世紀末から第一次世界大戦に至る「長い十九世紀」にかつて猛威をふるった民族という神々が、再び登場して各地に民族紛争の激発をもたらし、新たな「歴史の始まり」を告げ知らせつつあるかにみえる。これに加えて、ひところ、民族や近代的諸イデオロギーといった新たな俗なる神々の登場につれて後景に退いたかに思われた古くからの聖なる神々が新たな装いをまとって再来し、宗教紛争の嵐さえ吹きすさび始めたかのようである。

このような民族紛争・宗教紛争の荒波が、バルカン、中東、さらにはアフリカ、中央アジア、南アジア、東南アジア等々にまで打ち寄せつつあるかにみえる。しかし、それでは、世界のごく一部を占める先進諸社会では「近代」をこえて「ポスト・モダン」の時代に入りつつあると唱える人々さえいる今日、これら少数の先進社会を除く、地球上の多くを占める諸地域で、なにゆえに過去にも類例の少ない民族紛争・宗教紛争の激発をみるようになったのであろうか。その背後には、いかなる事情が隠されているのであろうか。

民族紛争は地域的特性か

このような問いへの一つの解答は、紛争の激発を、その舞台となった地域の地域的特性に帰するものであろう。試みに、二十世紀も終末に近づいた時点において、ボスニア、そしてコソヴォと、あいついで最も激烈な民族紛争が生じたバルカンについてみれば、この地域は、第一次世界大戦以前にも、久しく民族紛争が激発し、これと当時の列強の利害とがからみ合い、「世界の火薬庫」と呼ばれた地域であった。そして、実際、ハプスブルク帝国によるボスニア併合をきっかけに、これに反発したセルビアの一民族主義者の銃弾が、第一次世界大戦勃発の直接の原因となったのであった。

確かにバルカンは、古くから、民族も言語も宗教も異にする様々の人々がモザイクのように複雑に入りくんで混在する地域であった。そして、古くから多種多様な人間集団間の対立にことかかず、しばしば紛争も生じた。しかし、前近代から近代への移行期に数世紀にわたりこの地を支配したムスリム・トルコ系の王朝であるオスマン帝国の下で、複雑極まる諸民族のモザイクの諸断片のあいだには、ある程度の共存のシステムが成立し機能していた。また、それなればこそ、今日みるようなバルカンの民族・言語・宗教の入りくんだ分布が存続しえたのである。

バルカン以上に激烈な民族紛争・宗教紛争の地のように映ずるのは、中東であろう。その中東のなかでも、最も激しい民族紛争の典型として直ちに念頭に浮かぶのが、パレスティナ紛争である。パレスティナ紛争については、かつて、アラブとユダヤという二つの民族の古来の宿命的対決として、あるいは、ユダヤ教とイスラムという二つの厳しい一神教の運命的対立として喧伝されてきた。しかし、歴史的現実にたちもどり、アラブとユダヤ、イスラム教徒とユダヤ教徒の関係を回顧すれば、確かにときに対立迫害も生じ、また決して平等の下に全き共存が実現していたとはいえないが、イスラム世界の成立以来、近代西欧の影響の到来まで、おおむね、比較的安定した共存関係が成立していた。それであればこそ、パレスティナの地において、アラビア語を母語とするに至ったユダヤ教徒が、近代まで存続していたのである。

バルカンの諸民族の間において、そしてパレスティナのアラブ人とユダヤ人の間において、決定的な対立が生じ激化していったのは、むしろ近代においてであった。バルカン、そして中東において、コソヴォ紛争やパレスティナ紛争に代表されるような激しい民族紛争は、実は、バルカンや中東の地域的特性ではなく、むしろ、「近代」の到来とともに訪れ来ったのである。そして、そのことは、さらに、今日、民族紛争の激発をみている地球上の他の多くの地域についてもいえるのである。

「西洋の衝撃」としてのナショナリズムと民族紛争

それでは、なにゆえに「近代」の到来とともに、中東・バルカンの地に、そして地球上の様々の地域において、かくも激しい新しいタイプの民族紛争の激発をみることとなったのであろうか。

その背後には、歴史的な個性をもつ一時期としての「近代」が、それ自体、特異な文化をもつ大文化圏、すなわち文化世界としての西欧世界で初めて確たる姿をとり、西欧世界に立脚する近代西欧世界体系が、近代西欧世界の世界大の進出の過程の中で、非西欧諸社会を、「西洋の衝撃」にさらしつつ包摂し、人類史上最初の全地球を包摂する唯一のグローバル・システムと化していったという事態が存在していた。その過程のなかで、西欧世界という特異な文化世界の生み出した新しい政治の単位のあり方としてのネイション・ステイトと、そして、それを支える新しい政治的アイデンティティ、新しい政治的理想としてのナショナリズムが、文化的伝統と歴史的背景を全く異にする諸文化世界の諸社会に受容され、少しく変容しながら人々をその実現へとかりたてるようになったとき、この一世紀以上の間、断続的に噴出し、二十世紀の終末を目前にして激発をみた新しいタイプの民族紛争が生み出されたのであった。

すなわち、「西洋の衝撃」の下に、非西欧の諸社会にナショナリズムと、それに支えられたネイション・ステイトへの希求が、一つの民族が一つの国民として自分たちだけの水入らずの民族国家としての国民国家をつくろうとする民族国家へのあこがれの形をとって浸透したとき、民族・言語・宗教の点で複雑な構造をもった多くの社会では、内部分裂をひきおこし民族紛争の激発をもたらす劇薬として作用したのであった。

この事情は、一つの国家の中で、非常に同質性の高い社会を徐々に育んできた日本のような国に住む者には、感覚的にもはなはだ理解し難いところがある。というのも、日本の場合、バルカンや中東で分裂と紛争をもたらす劇薬として作用したネイション・ステイトとナショナリズムへの希求は、逆に強力な社会の凝結剤として働いたからである。この事情は、日本のみならず、東アジアの他の諸社会、朝鮮や少なくとも中国の中核部分についても同様であろう。ごく現代的な現実政治の典型的表われのようにみえる民族紛争も、歴史的背景と文化的伝統のあり方によって、その発生のみならず、その理解さえ規制されるのである。

本書では、我々日本人にとっては理解することが困難な近代の民族紛争について、我々に最も不可解な世界にみえる現代の中東・バルカンを念頭におき、この地を前近代から近代への移行期にかけて数世紀にわたり支配したオスマン帝国、そしてその背後にある特異な文化世界としてのイスラム世界のケースに焦点をあてつつ、近代の民族紛争の淵源を、より広い世界史的展望と比較史・比較文化的視角をふまえながら探究していくこととしよう。

この試みを進めるにあたり、まず第一部では、近代西欧が世界政治の領域で何を新たに生み出し、なぜそれが民族紛争の世界大の激発につながりうるのかを明らかとしよう。ついで第二部では、かつて中東・バルカンの支配者であったオスマン帝国の背後にあったイスラム世界の伝統について、本書のテーマにかかわりのある限りで検討し、近代の到来以前のイスラム世界における政治的アイデンティティ、政治社会の統合と人々の共存のシステムの特色を提示しよう。そして第三部において、このイスラム世界の伝統が、前近代のオスマン帝国にいかなる形で受け継がれたか、そして、それが近代西欧の影の下にいかにして崩壊し、今日みる民族紛争の芽が生じていったかを示すこととしよう。

第一部　民族国家と文化世界

第一章　一つの世界の誕生以前

1　最初のグローバル・システム

グローバル・システムの形成

現代の地球上の諸地域は、唯一のグローバル・システムによって、常時、緊密に結びつけられている。このように、全地球がただ一つのグローバル・システムに包み込まれたのは、人類史上、初めてのことである。このグローバル・システムは、「近代」の到来とともに形成されたものであり、近代世界体系と名づけることが出来よう。唯一のグローバル・システムとしての近代世界体系のなかで、歴史的背景と文化的伝統を異にする様々の地域は、一つの世界のなかの一地域ないし一サブ・システムと化している。

このようなグローバル・システムとしての近代世界体系は、政治の面からみると、近代国際体系と名づけうる。近代国際体系は、長らく主権平等の国家から構成されるといわれてきた。この主権平等とされる国家間の行動の規範が、国際法ということになる。

現代のグローバル・システムとしての近代世界体系、そして、その政治システムである近代国際体系は、歴史的背景も文化的伝統も異にする様々の地域、様々の人間集団を包摂し、かなりの程度に特定の文化、特定の人間集団を超えた普遍的側面も獲得している。しかし、なお、この近代世界体系、そして近代国際体系が形成される原動力となった近代西欧世界の刻印をおびているのも事実である。

近代世界体系を生み出した西欧世界

西欧世界は、かつてはユーラシア大陸の西北端の、大陸というよりは実際には亜大陸というにふさわしい地域の上に拡がる局地的な一つの文化世界であった。そしてそれは、東西に分かれたヘレニズム世界の西半を支配した西ローマ帝国の解体過程のなかで生じた、比較的新しい、そして比較的貧しく小さな文化世界であった。

この西欧世界は、十二世紀から十五世紀にかけて次第に発展し、十五世紀末から十六世紀にかけて急速に世界大に進出し始めた。そして、十六世紀から十八世紀にかけて、当初は軍事力によって、のちにはこれに技術力と経済力もあわせて、地球上の各地に拠点を築き、徐々に自らを中心とするネットワークを築き上げていった。こうした動きの中で、世界の諸地域を徐々に包摂しつつ出来上がったのが、近代世界体系であるといえよう。

歴史的な「近代」は、西欧世界における全く新しい力、新しい構造の芽の誕生とともに始まったといえる。そして、この歴史的な「近代」は、西欧世界が世界大に進出しつつ、新しい力、新しい構造を発展させていくなかで、旧来の西欧世界以外の世界の諸地域をも包摂していった。それゆえ、ここで非西欧諸地域について「前近代」というとき、西欧世界で誕生した歴史的「近代」の体系的影響の到達以前の時期をさすこととしよう。

2　近代以前

諸文化世界が併存していた頃

西欧世界を原動力とする唯一のグローバル・システムとしての近代世界体系が世界を包摂する以前において、この地球上には、複数の「世界」が併存しており、各々の「世界」のなかには、相対的に自己完結的な世界体系が成立していた。これらの諸「世界」は、各々、際立った特色をもつ文化に立脚して成立していた。それゆえ、前近代の地球上に併存していた、相対的に自己完結的な諸「世界」の各々を、文化世界と呼ぶことができよう。

この文化ということばは多義的であるので、ここで、少しふれておこう。

文化と文明

文化という語は、西欧語から翻訳され受容された語である。その原形のドイツ語のクルトゥールという語が、今日我々の用いる文化という意味で用いられるようになったのは、十八世紀後半のことである。文化という語とときにはほとんど同義語として、ときには対立的に用いられる語に、文明という語があるが、この語も西欧語から翻訳受容された語である。その原語たるフランス語のシヴィリザシォンなる語が、今日我々が文明という語で思いうかべるような意味で用いられるようになったのも、近代になってからのことである。

ここで、文明の語の起源であるシヴィリザシォンという語を生み出したフランスでは、文化という語は長らくほとんど用いられず、文明にあたるシヴィリザシォンの語も、普遍的な人類文明といった意味合いで用いられた。イギリスでは、文明を意味するシヴィリゼイションの語と、文化という意味で用いられるときのカルチャーの語は、しばしばほとんど同義語として用いられ、あまり区別されなかった。

これに対し、文化という意味でのクルトゥールの語を生み出したドイツでは、クルトゥール（文化）とシヴィリザツィン（文明）は峻別され、対置的に用いられることが多かった。そこでは、文化は精神的、内面的、個性的なもの、文明は普遍的だが技術的、外面的なものとし、文化を価値高きもの、文明を価値低きものとしてとらえることが多かった。

このように、文化と文明の概念にも、フランスや英国のような一元論的な見方と、ドイツのような二元論的見方があり、その意味内容も多義的である。ここでは、文化と文明を、一応異なる概念として二元的に扱うこととしよう。ただ、その際、ドイツ的二元論にしばしばみられるように、文化と文明を価値的に優劣関係にあるものとしてはとらえず、人間の活動の異なる側面を各々総体としてとらえるための概念として用いることとしたい。

本書では文化を、人間が集団の成員として後天的に習得し集団の成員として共有する行動、思考、感性のくせ、ないしパターンと定義しよう。それゆえ、文化は個々の人間集団に個性を与える要素たりうる。これに対し、文明については、人間の外的世界及び内的世界に対する制御と開発の能力の総体と定義しておきたい。そして、制御と開発の能力というとき、つねにその結果に対するフィードバックの能力も含むものと考えたい。文明をこのように定義するとき、文明は、普遍的かつ累積的なものとなる。

ただし、文明は具体的には、特定の地域の特定の時代の特定の人間集団を担い手として現われるから、現実には、つねに特定の文化の刻印をおびて現われることとなる。

文字圏としての文化世界

前項のように文化を定義したとき、文化は、その担い手の分布に応じて空間的な拡がりをもつ。ある文化が優越的で濃密な拡がりをもつ範囲を、文化圏と名づけることとしよう。文化圏の拡がりは、ごく狭いものから広大なものまで様々である。ここで、極めて広い空間に拡がり緊密で持続的な一体性を得るに至った文化圏を、大文化圏と呼ぶこととしよう。そして、その大文化圏を、ときに文化世界と呼ぶこととしよう。

文化圏、とりわけ大文化圏をいかに設定するかという問題は、文化圏ないし大文化という意味での「文明」の分類の問題として、古くから多くの論者によって論ぜられてきた。たとえば、『西洋の没落』を著わしたオズワルド・シュペングラーは、八つの高度文化を挙げている。『歴史の研究』の著者、アーノルド・トインビーは、「十分開花した文明」を二十一とし、そのうち十四の文明はすでに消滅し、七つのみが現存しているとした。また、世上をにぎわしたサミュエル・ハンチントンの『文明の衝突』では、現存の文明として、八つをあげている。

しかし、これらの文化ないし文明、すなわち本書の用語でいう大文化圏にあたるものの分類は、かなり恣意的である。ここで、より事実に即し、文化の拡がりと文化圏、とりわけ大文化圏すなわち文化世界について考えるとき、文字という要素が意外に重要となる。

文字は、文明と文化についての情報を蓄積し、あるいは伝授する手段である。無文字文化は、その蓄積性と拡大性に大きな限界がある。文字の使用をもって初めて、文明と文化の半恒久的定着化が可能となるのである。その意味で、文化の拡がりは、有文字文化においては、必ず文字の拡がりと深くかかわりをもつ。

文字は、本来はある言語を記録するための記号として生み出された。それゆえ、文字はその発生において、ある特定の一言語に基づいて生み出される。しかし、ある一言語に基づき生み出された文字は、しばしば他の諸言語を記録するためにも転用される。そしてさらに、他の言語を記録するために、ある文字体系が転用変形されていく。

ここで、文化の拡がりを考えるとき、言語よりも文字が、ある文化の拡がりを端的に示している例が多数見出される。ある文化とその拡がりを、内容の面から規定しようとすると き、つねに曖昧さと主観性が生ずる。これが文化、文化圏、ないしここでの大文化圏にほぼあたる、いわゆる「文明」の分類と配置について議論がたえぬ原因をなす。しかし、文化の伝達蓄積と維持の手段であり、つねに外化された形で客観的に確認しうる文字という文化の重要な一要素は、文化の拡がりを考えるとき、再び有効な手段たりうる。

ほぼ同一の言語を母語とする人間集団も、文化を異にすると、各々、自らの母語を異なる文字で表記する例がしばしばみられる。ボスニア紛争の主役となった三集団であるセルビア人とクロアティア人とボスニアのムスリムはほぼ同じ言語を母語とするが、セルビア人はこれをキリル文字で記し、クロアティア人はこれをラテン文字で記す。インドとパキスタンは、核競争を演ずるほど対立し、アジアにおける国際紛争の巨大な潜在的火種をなすが、インドの公用語たるヒンディー語とパキスタンの公用語たるウルドゥー語は、ともにインド・ヨーロッパ語族に属し、古代インドの俗語たるプラクリットに由来する言語であり、ヒンディー語は、ブラフミー文字（梵字）の流れをくむディヴァ・ナーガリー文字で記され、ウルドゥー語は、アラビア文字で記される。

同一言語が異なる文字で綴られるのは、まさに文化の相違によるためであり、セルボ・クロアティア語の場合、ビザンツ世界の影響下に発達した正教キリスト教徒のセルビア人はゆかり深いキリル文字を用い、カトリック化したクロアティア人は西欧カトリック世界で普遍的文字であったラテン文字を用いるのである。そして、古代インドのバラモン教の流れをくむヒンドゥー教徒が大多数を占めるインドでは、ヒンドゥーの聖典が記されたサンスクリットの表記に用いられたブラフミー文字（梵字）の流れをくむディヴァ・ナーガリー文字で記されるのに対し、ムスリムが多数を占めるパキスタンでは、ウルドゥー語として、イスラムの聖典の文字、アラビア文字で綴られるのである。

逆に、同一文化に属するというアイデンティティをもつ諸集団が、母語を異にしながらも、各々の母語を記す際に、自らの文化的アイデンティティの淵源につながる文字を用いる例がみられる。その典型の一つはユダヤ教徒——ユダヤ人である。

彼らは、自らの聖典のことばたるヘブライ語が日常語としては用いられなくなった後も、ヘブライ文字は保った。たとえば、イベリアに住んだユダヤ教徒は、スペイン語・ポルトガル語成立以前にその母体となったラテン系言語を母語とするに至り、これが特異に発達してラディーノと呼ばれる言語となったが、この言語をヘブライ文字をもって記した。十五世紀末以降、イベリアを追われた後も、彼らは、移住先のモロッコやオスマン帝国で、ラディーノをヘブライ文字で記す慣習を保った。他方、中央ヨーロッパに住んだユダヤ教徒たちは、今日のドイツ語の原形にあたる言語を自らの母語とし、独自の発達をとげてイディッシュと呼ばれる言語が成立し、中央ヨーロッパのみならず東欧のユダヤ教徒にとっても共通の母語となったが、このイディッシュもまた、ヘブライ文字で綴られた。

かように文字は、しばしば言語をこえる存在となり、母語を同じくしながら文化を異にする人々の間で、異なる文字による表記法を生み出す。他方では、同一文化に属するというアイデンティティを有する諸民族が、母語を異にしつつ、同一の文字を用いることによって同一の文化に帰属することを表明するのである。文化の拡がりを問題とするとき、客観的に外側からその分布を観察しうる文字は、まさに決定的な意味をもつのである。

ここで、アジア、アフリカ、ヨーロッパの三大陸からなるいわゆる「旧大陸」について、文字圏の配置をみると、東アジアを中心とする漢字圏、東南アジアから南アジアへと拡がるブラフミー文字（梵字）圏、新疆ウイグル自治区・パキスタンからモロッコまで拡がるアラビア文字圏、北のロシアから南のギリシアまで拡がるギリシア・キリル文字圏、そして西端のラテン文字圏という、五つの文字圏が存在している。そして、この文字圏の境は、たとえばインドとパキスタン、セルビアとクロアティアのような、今日の国際関係のなかで、古くからの文化的伝統のちがいに由来する重大な対立地点をなしているのである。また、EU（ヨーロッパ連合）の当初の境界が、ギリシアを除きラテン文字圏の中核地域のみを含んでおり、第二次の加入が話題となった地域であるポーランド、チェコ、ハンガリーの各国もまた、冷戦中はその社会主義体制ゆえに「東」陣営に数えられ「東欧」と呼ばれていたものの、実はラテン文字を用いてきた、そして中世以来、西欧カトリック世界に属してきた諸地域からなっていることが如実に示されるのである。

そして、この文字圏の背後には、唯一のグローバル・システムとしての近代世界体系の成立以前に、独自の文化的伝統と歴史的背景をもつ世界として併存した五つの文化世界の存在が浮かび上がってくるのである。すなわち、漢字圏は東アジア儒教・仏教世界、梵字圏は南アジア・東南アジア・ヒンドゥー・仏教世界、アラビア文字圏はイスラム世界、ギリシア・キリル文字圏は東欧正教世界、ラテン文字圏は西欧カトリック・プロテスタント世界に、各々ほぼ対応することが、明らかとなるのである。

こうして、大文化圏、文化世界を、文字圏としてとらえることの有効性が立証される。文字は言語と一体をなし、言語は近代に至り民族の象徴となったことで、民族問題、民族紛争にも、密接なかかわりをもつのである。

文字・文明語・価値体系

ここで、文字を共有する文字圏についてみると、文字は共有しているにもかかわらず、言語については、相異なる多種多様な言語を母語としている例が多くみられる。漢字圏では、その中心をなす諸社会に、中国語、韓国・朝鮮語、日本語、そして今はラテン文字化してしまったがかつては漢字と漢字を発想源としたヴェトナム国字を用いていたヴェトナム語を母語とする社会があり、この四言語は全く異なる言語である。

アラビア文字圏についてみても、その内部では、言語上、南半ではセム語族に属するアラビア語を母語とする者が中核をなし、その北半では主としてインド・ヨーロッパ語族に属するペルシア語系諸言語及びウラル・アルタイ語族に属するトルコ系諸言語を母語とする人々が入り混じって存在している。

このように、言語を異にする人々が文字を共有する理由は、近代以降の植民地のケースを除けば、多くは共通の文明語・文化語、すなわちエリートの共有する文化と学術と技術の言語を共有したことによる。漢字圏における漢文、梵字圏におけるサンスクリットとパーリ語、アラビア文字圏におけるアラビア語、ギリシア・キリル文字圏におけるギリシア語、ラテン文字圏におけるラテン語がそれである。

文字、そしてその文字の起源をなす文明語・文化語を共有することにより、少なくともエリート間では文明語・文化語を通じて、さらに一般人も、共通の借入語を通じて多くの概念と観念をも、かなりの程度に共有することとなった。このことは、認識の枠組、アイデンティティのあり方、さらに制度のあり方にも少なからぬ影響を与えた。

これに加えて、文明語・文化語の共有は、同時に多くの場合、周辺諸社会において、文明語を生み出した社会の基本的価値体系の少なくとも一定範囲における受容をともなった。ないしは、価値体系の受容が逆に、文明語・文化語と文字の共有をもたらした。ギリシア・キリル文字圏における正教の共有、西欧キリスト教世界における当初のカトリックの共有、アラビア文字圏におけるイスラムの共有は、その顕著な例をなす。

文字、文明語の共有に加え、価値体系をある程度共有するとき、文字圏は一箇の確たる文化圏、文化となるのであり、近代西欧の世界大の進出直前における大文字圏は、いずれもこのようなものとしての大文化圏、文化世界をなしていたのである。そして、この価値体系、概念、制度そして歴史的体験の少なくともある範囲における共有が、それら非西欧の諸文化世界に属する諸社会の、近代西欧に対する反応に影響を与え、近代西欧の新たなる政治単位のあり方、政治理念、そして政治的アイデンティティのあり方の受容にも影響を及ぼしたのであった。従って、このことは、その過程の一つの現われである民族問題の様態ともまた、深くかかわりをもつのである。

コミュニケーション・交通・ネットワーク

文明語の共有は、一つの文字圏としての文化世界で、少なくともエリートの間の共通のコミュニケーションの手段を提供した。その場合、漢字圏にあっては日本のケースのように、文明語としての漢文を、話し聞く音声の言語としてでなく、読み書く文章の言語としてのみ共有するようになったケースも稀にはある。しかし通例は、ラテン文字圏のラテン語、アラビア文字圏のアラビア語、梵字圏のサンスクリットのように、読み書く言語としてのみでなく、聞き話す言語としても共有していたため、会話もまたある程度、可能となった。二十世紀前半、アーノルド・トインビーがハンガリー貴族とラテン語で会話し意思伝達した例、また、現在のイスラム圏でイスラム的知識人がいる場合、文語アラビア語の会話による意思伝達がしばしば可能である例がこれを実証している。

また、一部なりとはいえ共通する価値の共有は、人間の移動を容易とする。一方では、共通の価値に基づく知識を求め、その伝授習得をめざしてエリート、サブ・エリートの移動を生ぜしめる。他方では、旅行と交易のための移動も、全く価値体系を共有しない異文化世界との間よりは容易となる。こうして、同文字圏としての文化世界の凝集力は、さらに強化される。制度としての法をある程度なりとも共有するとき、移動と交易はさらに容易になる。

とりわけアラビア文字圏としてのイスラム圏においては、少なくともエリート、サブ・エリートの間で、イスラムの浸透度によってはさらに中間層、庶民層の間に至るまで、良きムスリムの従うべき規範の総体としてのシャリーアが共有されたことによって、コミュニケーションと移動はより容易化された。特にシャリーアは、しばしばイスラム法と訳されるように法規範的部分も含み、実際にかなりの程度において社会の生ける法として機能していたことは、法、ルールの共有により移動と交易を一層容易とした。

こうして、コミュニケーション手段を共有し、交通の密度が高まるなかで、同文化を保持する者の間におけるネットワークが次第に緊密化していく。これにより、文化世界の凝集度は、一層高まっていく。そして、ネットワーク機能の強化、交通の頻繁化は、行動、思考、感性のパターンのさらに密接な共有を可能とし、文化圏としての密度を高める。

日中関係についてよくいわれた「同文同種」という表現も誤解を招きがちで、むしろ日中両文化間の差異性を強調してこれを否定する主張が支配的ではあるが、「同種」はおくとして、漢字と古典語としての漢文を共有していたという意味での「同文」性は、やはり、決して無視されてはならないであろう。

文字を共有する文字圏として、外的規準に基づき措定されうる大文化圏、文化世界は、唯一のグローバル・システムとしての近代世界体系の成立後に、その一地域、一サブ・システムとしての「漢字圏」、「イスラム圏」等と化した後も、価値・概念や歴史的体験のある程度の共有によって、しばしば、現代的問題についても、一定程度、共通のパターンを示す地域として現われる。それは、民族問題、宗教問題、ひいては政治経済問題の現代的な現われについてもいうことができるのである。

3　諸文化世界の世界秩序と政治単位

文化世界と世界体系

文化的伝統と歴史的背景を異にする文化世界は、文明語・文化語と文字というコミュニケーション手段の共有、一定程度の価値観と行動様式の共有、それに基づく交通とネットワークの発達を通じて、前近代においては、各々、相対的に自己完結的な世界体系を形成していた。

そもそも、近代世界体系を形成する以前の、いわゆる「中世」の西欧世界自体、当初は外の世界に対してかなり閉鎖的な、西欧キリスト教世界というべき、相対的に自己完結的な世界体系を形成していた。それは少なくとも十一世紀末以降の十字軍運動以前においては、東方の諸文化世界とは極めて限られた接触をもつにとどまり、東方との交易もまた、主にビザンツ世界経由でかかわっているにすぎなかった。西欧世界の世界体系は、十五世紀末以降、ようやく十六世紀から十九世紀にかけて、文化的にはなお西欧キリスト教色を強く残しながら、一方で外に世界大に進出しつつ、他方でやや遅れて、内で徐々に世俗化していくなかで、少なくとも特定の地域に立脚するのではなく世界大の拡がりをもつシステムへと発展していったといえる。この間、「旧大陸」東端の漢字圏に立脚する東アジア世界体系、「旧世界」の三大陸にまたがるイスラム世界体系などが、なお併存していた。

様々の世界秩序の理念

歴史上現われた様々の世界体系は、各々、それに固有の独自の世界秩序の理念とイメージを有していた。そのことは、現在の唯一のグローバル・システムとしての近代世界体系についてもまた例外ではない。そこでは、世界は主権平等の領域国家からなる国家体系、ないしは、そのような領域的主権国家を担う国民からなる「諸国民の家族」としてとらえられる。このような世界秩序観に基づく世界体系は、政治の側面からは、国際体系ないし国際社会としてとらえられている。そして、それを統べるルールの体系として、諸国家間ないし諸国民間の法としての国際法が想定されている。

このような近代世界体系が前提とする古典的な世界秩序の理念とイメージは、当初はキリスト教、のちには少なくとも西欧的な文化的特殊主義に強く彩られていた近代西欧世界体系の世界秩序の理念とイメージが世俗化し、さらに西欧中心主義的側面から脱却していくなかで成立し、かつて西欧世界以外の諸文化世界に属していた人々にも徐々に受け容れられ成立してきたものであった。そして、一方で少なくとも先進諸国においては脱国境化、ボーダーレス化が喧伝され、近代主権国家の動揺が指摘されている今日においてもなお、正統的世界秩序観としての地位を保っているのである。しかし、現代の我々が、日頃、自明の前提と考えている世界秩序観、そして世界体系のあり方もまた、実は歴史的に出現したものであり、その歴史は比較的新しく、また原初には色濃くキリスト教中心主義、西欧中心主義の文化的特殊性をおびていたのである。

他の特色ある世界秩序としては、我々、東アジアの住民にとっては比較的なじみ深い中国で生み出され、のちに儒教の伝播とともに、朝鮮、ヴェトナム、そして日本でかなりの程度に受容された中華秩序ないし華夷《かい》秩序がある。

華夷秩序観のなかでは、人の住む世界の中心には、いわば唯一の文明の中心、文明の光源というべき中華があり、その四周にはまだ文明の光に浴さない者たちが存在し、これは夷狄と呼ばれる。世界の中心を占める中華は、次第にその影響を四周の夷狄《いてき》に及ぼし、これを華化、すなわち文明化していく。四周の夷狄は、華化しないまでも次第に感化をうけ、進んで方物を貢じに訪れ来るようになる。これを朝貢と称する。この朝貢は、後代、制度化して中国側で朝貢国というカテゴリーをつくり出し、朝貢国のなかには、中国の暦と年号を奉じ、公的制度の下で少なくとも名目上は中国を宗主国とする諸国も成立した。日本のように、ときに朝貢国となったものの、のちには朝貢を行わずまた正朔を奉ずるという形で中国の暦と年号を受け入れることをしなくなった社会も東アジアにはあった。その意味で、朝貢システムとしての中華的世界秩序が貫徹したとはいえない。

しかし、自らを華とし、文化を異にする他者を夷とし、自らと異文化世界に属するものを上下的な華夷秩序としてとらえる世界秩序の理念とイメージの枠組は、前近代の東アジアの漢字圏の諸社会で受容され、とりわけ儒教が主要社会の公式イデオロギーとなった近世においては、少なくともエリート層、サブ・エリート層のなかではかなりの程度に定着した。当時の清朝を中心とする公式の世界体制としての朝貢体制の外にとどまった近世日本の社会でも、「黒船」来航に際しては、華夷の別をもって対しようとし、攘夷なるスローガンが叫ばれたことは、世界秩序観としての華夷秩序観が、形を変えつつも近世日本のエリート、サブ・エリートにも深く浸透していたことを示している。

世界秩序の理念とイメージは、ある文化世界における異文化の担い手との接触の様態、ある世界体系における政治的基本単位の理念と、その所属者のアイデンティティの構造と深くかかわるがゆえに、民族問題等を考える際にも、はなはだ重要な前提をなすのである。

政治的基本単位の理念と現実

通例、政治の自律的な最小単位を国家と呼ぶが、そこでは近代国家が念頭におかれがちとなる。そこで、ときには便宜上、国家という語も用いるが、ここでは特に政治単位という語を用いたい。一つの世界体系は、単数ないしは複数の政治単位からなる。一つの文化世界に立脚した世界体系内にも、ときには様々のタイプの政治単位が併存しているが、それら政治単位のなかで、理念上基本とされているものを理念上の政治的基本単位、現実上最も基本的なタイプとなっているものを現実上の政治的基本単位と呼ぼう。

政治的基本単位のあり方には、一つの文化世界に立脚する一つの世界体系全体が、理念上、単一の政治的基本単位に属するものとされる場合と、本来、複数の政治的基本単位からなるべきものと考えられる場合とがある。前者をモノ・システム、後者を複数システムと呼ぶが、中華に立脚する「天下国家」、「王朝」のみを本来の政治的基本単位としてとらえていた漢字圏の中華秩序はモノ・システムの典型であり、複数の領域的主権国家が政治的基本単位であるとする近代西欧世界体系や、これを起源に形成された唯一のグローバル・システムとしての近代世界体系は、複数システムの典型といえる。

もちろん、政治的基本単位の理念と現実が常に一致しているわけではなく、モノ・システムに立つ中華秩序の下にあった中国においても、天下統一が実現している時代もあり、春秋戦国時代や五胡十六国時代や五代十国時代のように、実際には分裂して複数の政治単位が併存している時代もあった。そして、しばしば中国側が自らのモノ・システムの範囲とみる周辺地域においては、はなはだ独立性の強い政治体が併存していた。

しかし、とりわけ政治的基本単位をいかなるものであるべきかと考えているかは、その政治単位の構成員のアイデンティティと統合の問題に深くかかわり、統合のあり方が、政治単位に含まれる人々の共存のあり方にとって決定的意味をもつという点で、本書のテーマにとっても極めて重要である。

統合と共存の様式

ある政治単位の構成員のあり方にも、まず文化的に非常に同質的なケースと多文化的なケースがある。文化的に同質的なケースにおいても、社会的にも非常に同質的なケースと、非常に差異のあるケースがありうる。しかし、一つの政治単位の統合にとって最も重要なのは、その政治単位の中枢に位置するエリート、サブ・エリートのアイデンティティである。彼らのアイデンティティのあり方が、政治単位に属する大多数の人々のアイデンティティと、相照応しているとき、政治単位の統合は安定する。また政治単位の外枠を守る支配組織が強靱なとき、政治単位は安定的となる。このような条件があったうえで、その政治単位の支配層の人々の奉ずる理念が支配層の大多数によって共有されれば、支配組織はさらに安定度をまし、安定的命令＝服従の基礎としての支配の正統性が定着する。そして、支配層の理念が被支配層にも共有され、支配層と被支配層、エリートと民衆の間にも正統性的関係が成立するとき、支配は最も安定し、政治単位の凝集性は最も強まる。

ここで、統合の基礎となる政治的アイデンティティのあり方とその根源もまた、歴史上、様々であった。前近代の西欧カトリック世界やイスラム世界では、宗教がアイデンティティの第一義的根源となり、ある政治単位への帰属は第二義的意味をもつにとどまった。

これに対し近代世界では、ある国家への帰属がアイデンティティの最大根拠たることが求められ、さらに、大多数の場合、ある国家はある民族に立脚するものとされ、国家への帰属意識とともに民族への帰属意識の共有が必須のアイデンティティの根源として求められる。このことは、本書の中心的テーマにかかわる点であり、あとで詳しくふれる。

ある政治単位の構成員のアイデンティティのあり方により、ある政治単位に属する人々のカテゴリー化のあり方も様々の人間集団の共存の様式も異なってくる。統合と共存の様式において、限りなく同質化していく傾向をもつ一元的志向の社会も、多様なままの併存を許容する多元的志向の社会もみられる。異なる諸要素が併存するときも、各々の平等の下の共存をめざすシステムと差別が前提となっているシステムがありうる。

現代の旧ユーゴに生じた「民族浄化」という理念は、アイデンティティと統合の基礎を「民族」に求め、政治社会内で民族的にみて多元的な要素の共存を拒否し、政治社会の構成員を強制力をもって一元化していこうという志向の最も端的な現われである。そこで前提とされる「民族」の理念が、血統に基づく生物学的人種に近い彩りをもつとき、人種主義の形をとる。擬似生物学的基礎にたつ人種的民族観に基づく一元的一民族国家を志向する政治単位は、異質なものに対し極端に不寛容な政治的基本単位の例たりうる。

今日の世界をゆるがす、かつてみられなかったような新しい形の民族紛争の激化は近代になって成立し、近代に特有な政治的基本単位の理念、その構成員のアイデンティティと統合のあり方、そして、それに基づく共存システムのあり方と深く結びついている。近代に特有の政治的基本単位とはいかなるものであり、それがいかなる特色をもつかについては、次章で検討することとしよう。

第二章　民族国家への憧れ

1　近代政治の前提としてのネイション・ステイト

自明の前提としての近代国家

近代世界体系における政治的基本単位であり、近代政治の自明の前提でもあるものは、国家ないし近代国家と呼ばれるものである。それゆえ近代世界体系は、政治的にみるとき、近代国際体系と呼ばれ、政治単位間の関係もまた、国際関係と呼ばれるのである。

近代国家は、歴史的には近代西欧でまず成立した歴史的形成体であるが、いわば最も進化した政治的基本単位として、現在及び未来にわたる政治の自明の前提とされてきた。しかし、近代国家なるものの歴史性は、ようやく近年に至り再認識され始めている。そして、再認識の試みが始まった要因の一つが、近代における特殊なタイプの民族紛争の激発である。

近代世界体系の政治的基本単位、近代政治の自明の前提と考えられている近代国家なるものは、理念上、領域的主権国家としての側面と、ネイション・ステイトとしての側面をもつ。そして、この両側面ともに、通歴史的、通文化的にみれば、政治単位としては非常に特殊なタイプの政治単位であり、そこには近代が形成されていく過程における、一つの特異な文化世界としての西欧世界の経験の刻印が色濃く残されている。

領域的主権国家としての側面

近代世界体系の政治的基本単位である「近代国家」なるものは、法的には領域的主権国家であるとされる。そこでは国家は、主権、すなわち他のいかなるものからも独立した最高の権力を有し、そのような主権をもつ諸国家は、相互の関係で平等とされる。そして、各々の国家主権を独占的、排他的に行使できる空間、すなわち国家領域（領土）を有し、明確な国境でその空間が区切られることで、領域的国家であるとされる。

このような領域的主権国家という概念そのものが、近代に特有の概念であり、主権の概念、排他的、独占的に主権が行使される空間という意味での国家領域の概念も、領土間を空間的に一線で画する国境の概念も、近代西欧世界で成立し、非西欧の諸文化世界が近代世界体系に包摂されていくなかで、全地球上で受容され定着したのである。

さらに、このような領域的主権国家の概念が定着していくなかで、法のあり方も国家主権の発動として、一つの領域的主権国家の国家領域内では、自国民たると外国人たるとを問わず、その国家の国法が適用されるという原則が貫徹される、法的属地主義も定着していった。一国家のなかでは、一つの法がその領域内にいるすべての人々に一律に適用される原則は、国民の法の下の平等の実現という側面を有していた。しかし文化的伝統と歴史的背景を異にする様々の集団が包み込まれているような国家の場合、各々の集団の法的慣行と国家の法との間で、文化の相剋を生む原因ともなった。

国家主権の絶対性の理念により正統性を与えられ、その主権の及ぶ明確な空間としての領土と、その領土を空間的に確定する国境をもつ近代の国家の実体的基底をなすのは、支配の組織としての政府ないし政治体制と、人的構成員としての国民である。よく、近代の国家の三要素とは、政府と領土と国民であるといわれるのは、この意味においてである。国家の支配体制と、国家の人的構成員の面からは、近代国家は通例、ネイション・ステイトないしはナショナル・ステイトであるとされる。

ネイション・ステイトとしての側面

近代世界体系の自明の前提としての近代国家のいま一つの側面は、ネイション・ステイトないしナショナル・ステイトという側面である。この言葉は、ネイションないしナショナルという語と、ステイトという語の二つの語からなる。ナショナルという語は、ネイションから派生しているが、そのもとになるネイションという語自体、実は、少なくとも「民族」と「国民」という二つの顔をもち、この二つの顔を一語で表現できる日本語の訳語はない。ネイションこそ、近代に特有のタイプの「民族」紛争を生み出す淵源ともなるが、この点については次節で詳しくふれよう。ここでネイションというのは、近代国家のなかで、いわばその中味をなす国家の構成員、人的要素をなす部分であり、これに対し、国家と訳されるステイトというのは、中味をなす人的要素でなく、通例、むしろ硬い外枠、支配組織、政府の機構の部分をさしている。

近代政治の自明の前提となっているこのネイション・ステイト自体、西欧世界で近代になって初めて成立した概念で、のちに近代西欧世界の世界体系が他の諸世界体系を包摂してグローバル・システムと化していくときに、他の諸文化世界でも受容され世界大に定着していった。そして、ネイション・ステイトという単語で示される実体も、西欧世界が中世から近代へと移行していくなかで、徐々に歴史的に形成されたのであった。

近代政治の自明の前提としてのネイション・ステイトが、近代西欧世界でまったく新しい政治単位として形成されるにあたり、まず最初に成立したのは、硬い外枠としてのステイトの方であった。ステイトとしての支配の組織は、王権が伸張し中央への権力集中が進むにつれて次第に発展し、いわゆる絶対王政の下で、一応形を整えた。常備軍と官僚制を二つの柱とする、かつての中世西欧の王の支配の組織と比べれば格段に強力化したこの「国家」の組織を支柱に、近代特有の国家主権の理念が、とりあえずは君主に属するものとして成立したのである。そして、支配の組織と法の体系が、より一元化されていくなかで、これまた近代特有の、確たる国家組織、領土と国境が成立していくのである。

この過程より少し遅れて、近代国家の柔らかい中味をなすべきネイションも形成されていく。ネイションは、その成立の過程のなかで、「国民」と「民族」という二つの顔をもつようになっていった。そして、この二つの顔をもつネイションの理念が、西欧世界から諸異文化世界へと伝播受容されていくなかで、現代まで続く近代に特有な形の民族紛争の種が全世界大にまかれるのである。

2　ネイション・ステイトと民族国家

二つの顔

先にのべたように、ネイションという語を、一語で日本語に訳すことは困難である。というのも、近代国家の柔らかい中味としてのネイションは、一方で「国民」、他方では「民族」という、すなわち二つの顔をもつからである。

それゆえ、ネイションという語が「国民」または「民族」と訳されるように、ネイション・ステイトまたはナショナル・ステイトという語も、ときに「国民国家」、ときに「民族国家」と訳される。「国民」の概念と「民族」の概念は、しばしば非常に密接な関係をもってはいるが、その内実は、基本的に全く異なるのである。「国民」としてのネイションはより純粋に政治的で、文化的色彩は稀薄であるのに対し、「民族」としてのネイションは政治的でもありうるが、より第一義的には文化的な概念なのである。

近代西欧で成立した政治的概念としてのネイションが「国民」と「民族」という二つの顔をもつことは、広く知られている。しかし、両者がいかにちがうものであり、ネイション・ステイトという政治的基本単位の理念も、どちらに重点をおいてとらえるかで、相貌を全く異にすることは、十分に意識されてこなかったように思われる。

現代におけるネイション・ステイトのもつ問題点が論ぜられる際も、この語を、ほとんど無意識に「国民国家」と訳して論を進めるとき、「国民国家」としてのネイション・ステイトのもつ問題と、「民族国家」としてのネイション・ステイトのもつ問題とが混淆される傾向が生ずる。そこでここでは、ネイション・ステイトのもつ二つの顔の各々を検討し、どの側面がバルカン・中東にみられるような民族紛争とより本質的にかかわっているのかを検討していくこととしよう。

ネイションの誕生

ネイションという言葉は、元来はラテン語で「生まれる」ことを意味する「ナシオ」の語に由来している。ネイションという言葉は、中世西欧世界で既に使われていたが、そこでは生まれ故郷を同じくする者という意味で用いられ、同じ支配者の支配下にあっても、異なる地方から来た人は別のネイションに属する者として扱われた。たとえば、中世西欧の大学では、学生は出身地で区別されたが、同じくイングランドの王の支配下からきた学生でも、テームズをへだてた地域から来た者は別のネイション、つまり別の生国から来た者とされたとさえいう。いずれにせよ、はじめネイションの語は、西欧世界でも地縁的集団をさして用いられ、政治の担い手とはさして関係がなかった。

しかし一方で、ステイトの枠組が王による集権化の努力のなかで次第に固まり、確たる国家の政治体制、法体系、そして国境ができ上がっていくと、一人の王の支配下にある「国家」に属する人々も、以前より遥かに確固とした枠組のなかにまとめられていくことになる。他方では、これに併行して、社会と経済が徐々に発展し、以前よりもより広い地域に立脚したまとまった経済社会が形づくられ、王が創り出しつつある国家の枠組とより広い社会経済の枠組がある程度対応するようになると、後の「国民経済」の原型になるものが、王の創り出しつつある国家の枠組と関連しつつでき上がっていく。

こうして西欧世界では、いわゆる絶対王政の下で、領域的主権国家の原型ができ上がっていく過程と併行して、その柔らかい中味をなす人間の集団も固まっていった。ここに、後の国民としてのネイションの原型が成立していくのである。

王とその国家に属する人々との関係では、当初は王が君主主権の下にこれを支配する形をとるが、王の国家の柔らかい中味をなす人間集団の社会経済状態が充実していくと、王に支配されていた人々のなかで、中間層に属する人々が政治的にも自己主張を始め、ついには国家の主権を自らの側にあると主張するようになる。こうなると、それまでは王の「臣民」として王の支配下にあった人々は、逆に、自らこそ国家の真の担い手であると考えるようになる。こうして、国家の主体的構成員としてのネイション、すなわち「国民」の理念が成立することとなった。「臣民」から「国民」への意識の変容が進むにつれ、そこで構想される「国民」と「国家」との間の関係においては「自由」、同国民間の関係においては「平等」という、いずれも従来は実現されてこなかった新しい実現目標が掲げられる方向へとむかった。

ただ、「臣民」から「国民」への意識の変容が遅滞した社会においては、しばしば担い手であるはずのネイションより、理念上は担い手たるネイションあってこそ成立するものに転化したはずのステイト、すなわち国家により重みが与えられ、「臣民」的な君主への義務が「国民」としての「国家」への義務に転化された。こうして、そこでは「国民」としてのネイションの内での自由と平等の追求より、むしろなお多分に「臣民」的色彩をもつ「国民」の「国家」への忠誠義務が優越することとなった。

「国民」としての顔

近代西欧世界において、ネイション・ステイトが形成されていく過程で、公式的政治理論上では、ネイションは主として「国民」の顔をもった。そこでは「国民」としてのネイションは、第一義的には国家の主体的構成員、いいかえれば、ある国家の市民権をもつ構成員の総体を意味した。国民としてのネイションは、原理的には文化の共有を要せず、歴史の共有も要しない。母語がイタリア語で、英語はまだよく解しないが、アメリカ合衆国にきてその市民権を得、自らが国家としてのアメリカ合衆国の主体的市民となれば、その人物はとりあえず立派なアメリカ合衆国の国民たりえよう。そして、実際にアメリカ合衆国では、ある程度、このような意味での、当面は歴史も文化も共有せず市民権と主体的構成員としての意識をもつのみで国民たることが可能となる。その意味でアメリカ合衆国は、少なくともその理念においては、現代の諸近代国家のなかでは最も「国民国家」的側面の強いネイション・ステイトであるといえる。

しかし、「国民」としてのネイションも、歴史を共有すればするほど、その内的凝集力は高まるであろう。そこではネイション形成には歴史を共有することが有効に働く。これに加え、「国民」間のコミュニケーションの媒体の共有が不可欠となる。それゆえ、母語を異にする様々の人々からなる「国民」の場合も、少なくとも共通の言語の共有が必要となる。ここで言葉は、単なる無色透明のコミュニケーションの媒体ではなく、文化の一片、それも極めて重要な一片である。そこで、言語の共有の必要性は、国民としてのネイションが、少なくとも言語という文化の一片の共有を要請することとなる。

国民としてのネイションは、歴史の共有と同様に、文化を共有するほどに、その内的凝集力を増しうる。そこで、国民としてのネイションも、少なくとも一定の範囲で文化を共有することが求められることになる。そして、文化の共有の問題が、「国民」としてのネイションと「民族」としてのネイションを架橋する要素となるのである。

「民族」の役割

近代においては、近代西欧で成立したネイション・ステイト・モデルが世界大に受容され、グローバル・システムとしての近代世界体系の政治的基本単位のモデル化した。ネイション・ステイト・モデルでは、政治的基本単位の人的構成員としてのネイションの部分が、「国民」としての顔と「民族」としての顔という二つの顔をもちえたため、政治単位の担い手としての「国民」と、文化単位の一つの担い手たる「民族」とが、密接に関連づけられがちとなった。その結果、少なくとも十分に成熟した民族としてのネイションは自らのネイション・ステイトを形成する権利をもつという、「民族自決」論に到達した。

ここで、政治的ネイション、政治国民ともよばれることのある国民を、ある国家の主体的構成員の総体と考えると、民族とは何であろうか。文化国民、文化的ネイション、ないしはエスニック・ネイションとも呼ばれることのある民族は、明らかに生物的な基礎の共有に基づくと主張される人種とは全く異なる。民族とは、あくまで生物学的概念ではなく文化的概念であり、文化と歴史を共有することによって共通のアイデンティティと一体性の感情をもつに至った人間集団ととりあえず規定することができよう。

民族としてのアイデンティティの文化的基礎のなかで、通例は言語の共有が最も重要な要素となる。そして、しばしば同祖観念を共有することで凝集性が高まるが、これはあくまで生物学的問題ではなく、文化的同祖観念の共有である。このような意味での文化単位の担い手、文化集団としての「民族」にあたるものは、人類史上、かなり古くより存在していたといえる。その意味では文化集団としての「民族」の観念それ自体が近代における発明であるとはいい難い。近代における発明は、文化集団としての「民族」が、古くより「政治集団」でもあったので、「政治的国民」たるべきであるという観念なのである。

歴史的に回顧すると、確かに、言語を中心とする文化と歴史を共有する文化集団としての民族が同民族内で政治体を形成したり、またいくつかの民族体にまたがる政治体の形成で重要な役割を果たす例はしばしば見られた。しかし前近代においては、前者の場合ですら、それらの政治体は決して近代の民族国家に比すべきものではなかった。後者の場合では、少なくとも当初において、その政治体の支配的構成員の中核部分がある民族的要素によって占められている政治体にとどまり、この民族的要素も次第に政治的な意味での民族的一体性を喪失していくことが極めて多かった。

近代に入りネイション・ステイト・モデルが形成されていったが、その際、政治の本来の主役はあくまでも「国民」としてのネイションの方であった。しかし、抽象的な政治的理念である「国民」としてのネイションに、現実の強い凝集性を保証したのは文化的同質性であり、共通の文化的アイデンティティであった。ネイション・ステイト・モデル形成において、公式的政治理論では「国民」観念が前面に出て、「民族」観念は後景にあったが、後に、現実にネイション・ステイトの実現がはかられるとき、「民族」としてのネイションには「国民」としてのネイション形成劇の主役の地位がしばしば与えられた。

ただ、当初から言語の共有を中心にかなり強い文化的一体性が成立していた社会では、異文化的要素の統合の問題が表面化しにくく、かえって「民族」としてのネイションの側面が前面に出されずにすんだ。支配層、中間層でアングロ・サクソン的要素が圧倒的に強力であり、空間的にも英国の植民地時代にすでに外的にきめられていた「最初のニュー・ネイション」アメリカ合衆国や、絶対王政時代に共通語としてのフランス語の普及と文化的一体性の形成が着々と進められていたフランスでの革命によって成立した共和国フランスでは、ネイション・ステイトの成立にあたり、民族国家としての側面は後景に退き、国民国家としての側面が前面に出た。

これに対し、そもそも政治的空間の枠組が形成されておらず、文化的一体性も弱かったドイツの場合は、まず文化的アイデンティティを共有するドイツ民族の一体性の確立を図らざるをえなかったため、国民としてより民族としてのネイションの側面が前面に出、これをてことしつつ、ネイション・ステイト形成が進められた。

ネイション・ステイト・モデルが、西欧世界のなかでこのモデルを生み出した地域から、まず西欧世界の他地域へと伝播し、さらに異文化世界へと伝播し受容されていくなかで、「国民」としての側面に対し、「民族」としての側面が非常に大きな役割を果たす例が多くなっていった。そして、ネイション・ステイト形成の主役は、「国民」より「民族」に求められることが増大した。その際、「自由」と「平等」が実現目標となっていった「国民」内の関係に対し、「民族」内の関係における実現目標として「同質性」と「連帯性」に重点がおかれることが多かったために、多様な人間集団を含むとき、それらの間の共存関係に大きな問題を投げかけることとなった。

国民国家・民族国家・領域的主権国家

近代世界体系の政治的基本単位をなす近代国家というものは、まず領域的主権国家の側面と、ネイション・ステイトとしての側面をもつ。そして、二十世紀も終末に近づきつつある頃、近代国家のもつ様々の問題性が表面化し、議論の対象となり始めた。ただ、その際、近代国家の領域的主権国家としての側面と、ネイション・ステイトとしての側面、これに加えてネイション・ステイトの「国民国家」としての顔と「民族国家」としての顔という三つの側面が混淆されつつ問題が論ぜられがちであるように思われる。

近年、世界的にボーダーレス化の時代に突入しつつあり、さらにEUの出現をみるなかで、「国民国家の動揺」が説かれている。しかし、ボーダーレス化現象や、国家主権のまがきを下げ、一定範囲の政治統合をはたそうというEUの実現は、何よりも「領域的主権国家」に変容を迫るものであり、必ずしも直ちに「国民国家の動揺」をもたらすものではない。領域的主権国家の大枠は、西欧世界においてネイション・ステイト形成よりかなり以前、既に絶対王政時代に形成されていた。そして、この古い枠組が新しい波にさらされつつあるのである。

さらにここで、民族紛争の激発による「近代国家」の動揺についてみても、そこで問題となるのは、「民族国家」としてのネイション・ステイトの動揺である。この問題はむしろ、ネイション・ステイト・モデルが西欧世界で形成され、まず同文化世界に、ついで諸異文化世界へと伝播し受容されていくなかで「民族国家」としての側面に重点がおかれる傾向が強まったことに起因している。この事態で動揺しているのも、ネイション・ステイトの「国民国家」としての側面より、むしろ「民族国家」としての側面である。というよりも「国民国家」の実現目標としての「平等」と「自由」、そして「民族国家」の希求する「同質性」と「連帯性」という目標との相剋とさえいえるであろう。

その意味で、近代国家、とりわけ近代政治の自明の前提とされてきたネイション・ステイトの問題は、現実には相互にはなはだ深く結びついているとはいえ、原理上、理念上異なる領域的主権国家、民族国家、国民国家の三者を峻別しつつ論ずることが必要となる。そのうえで、民族紛争激発をみつつある今日、最も問題とされるべきは、ネイション・ステイトの「民族国家」としての顔なのである。

人工物としてのネイション・ステイトと物神化

かつて、近代のネイション・ステイトの外枠というべきステイト、すなわち支配の組織が形成されるにあたり、その原型の誕生の地の一つであったルネサンス期イタリアの「国家」を論ずる際、歴史家ブルクハルトは、「芸術品としての国家」の標題の下にこれを述べた。精緻な人工物であるという点からいえば、近代世界における政治的基本単位であるネイション・ステイトも同様である。そもそも、ネイションの表の顔というべき「国民」自体、近代西欧の政治理論において、国民の政治的権力の根拠、国民主権の根拠が「社会契約論」というはなはだ微妙なフィクションの上におかれたように、精妙ながら脆弱さを秘めた近代特有の人工物なのである。この「国民」の繊細な脆さを補う役割をはたしてきたのが、より粘りのある接着剤としての「民族」なるものであった。

しかし、文化の担い手、文化集団としてはともかく、「政治主体、政治単位の全き担い手としての『民族』」という理念そのものも、実は、近代西欧の生み出した人工物としての面を多分にもつ。とりわけ「歴史の中で生成してきた」とされる「民族」なる人工物は、過去に遡る後光と情念に訴えかける超合理性を伴うことによって、高度の物神化をとげたかにみえる。

第三章　「西洋の衝撃」としてのネイション・ステイト

1　共通体験としての「西洋の衝撃」

西欧世界の拡大

この数世紀にわたり、非西欧諸社会で進行してきた諸事態の多くは、西欧世界の世界大の拡大がもたらした「西洋の衝撃」と深くかかわっている。現在の中東・バルカンを揺るがす民族紛争の激発にもまた、「西洋の衝撃」の影が色濃くみられるのである。

かつて、ローマ帝国の解体と西ローマ帝国の衰退のなかで、西欧世界が誕生した。文明と文化の中核的要素の一つとしての価値体系をローマ・カトリック教会に頼った西欧世界は、西欧カトリック世界として自己を形成し発展していった。そして、文字圏としてみれば、ラテン語を文明語とするラテン文字圏として自己を確立していった。

原初、西欧世界は、ユーラシア大陸の西北端に位置する、比較的こぢんまりとした閉鎖的な文化世界であった。しかし、十五世紀末以降、徐々に力が充実し、まず、いわゆる「大航海時代」を通じて、西欧人は世界大に進出し始める。この時代を、西欧人自らが「地理上の発見時代」とも呼ぶのは、それ以前の西欧人の空間的体験が、いかに限定されたものであったか、そして他の諸文化世界にとっては既知の多くの諸地域が、西欧人にとっては「未知の世界」であったことを示している。

「大航海時代」における西欧人の世界大の進出は、「旧世界」の異文化世界間交易における自前のネットワーク形成への欲求と幾分かの宗教的情熱から生まれた。そのいずれもが、当時に至るまで優勢的であった東隣の高度の文明をもつ異文化世界たるイスラム世界への対抗の企てに起因していた。そしてまた、この西欧世界の進出は、当初は経済力よりは主として航海術と軍事力によるものであった。

十五世紀末以降の「大航海時代」の開幕とともに始まる西欧人の世界大の進出は、直ちに西欧世界の世界大の拡大、西欧世界体系の世界大の拡大を意味するものではなかった。十七世紀初頭に至るまで、いわゆる「新大陸」を除けば、「旧大陸」において抵抗力の弱い地域に拠点を築き、自前のネットワークの形成を試み始めたにすぎなかった。

しかし、十七世紀初頭以降、十八世紀初頭にかけて、「旧世界」と「新世界」にまたがり、内陸や内海でなく大洋をつなぐ西欧人のネットワークは著しく強力なものに育ち、西欧世界体系の世界大の拡大が進行し始め、十八世紀中葉以降、諸文化世界の世界体系を包摂し始めるのである。同時にこの間、西欧世界は、宗教改革をへて、カトリック世界からカトリック・プロテスタント世界ないしキリスト教世界というべきものに変化し、さらに徐々に世俗化して「近代西欧世界」とでも呼ぶべきものへと転化しつつあった。

「西洋の衝撃」と伝統的諸世界秩序

西欧世界の世界大の拡大の動きは、「旧世界」の諸文化世界を、まず当初は、軍事的、政治的外圧としてゆさぶり始めた。

イスラム世界は、十五世紀末から十六世紀にかけて東端の東南アジア地域、南アジア地域で西欧人の拠点とネットワーク形成により脅かされ始めたが、十六世紀中は総体としては西欧世界に対しむしろ優位にたっていた。しかし、十六世紀末から十七世紀末にかけて力関係は徐々に変化し、十八世紀に入ると西欧世界が完全に優位にたち、イスラム世界は「西洋の衝撃」にさらされ始めた。

東アジア世界は、十九世紀初頭に入ってようやく西欧世界の外圧がかかり始め、一八四〇年からのアヘン戦争以降に中国が、一八五三年の黒船来航以降に日本が、突然の危機として「西洋の衝撃」にさらされることとなり、近代西欧世界体系に包摂されていった。

このような非西欧の諸文化世界に「西洋の衝撃」は、各々固有の伝統的な世界秩序の動揺と混乱をもたらした。そして、否応なく、西欧世界で生み出された近代西欧世界体系の世界秩序への適応を迫られることとなった。このようななかで、伝統的な政治的基本単位のあり方、その内部における構成員のアイデンティティ、統合と共存のシステムに動揺が生じたのである。

「改革」・「西洋化」・「近代化」

「西洋の衝撃」が、非西欧の諸文化世界の政治体に軍事的、政治的重圧として到来したとき、それらの文化世界の支配的集団にも従属的集団にも影響を及ぼしていった。

支配者層はこの外圧に対抗するために、自らの態勢のたてなおしを余儀なくされた。そこに現実の問題となったのが、「改革」である。この「改革」も、当初はむしろ各々の政治体の古き善き伝統の復活による「伝統主義的改革」の形で試みられた。しかし、その限界は容赦なく明白となり、何らかの形で近代西欧が獲得した新しい力をとり入れつつ、近代西欧の外圧に対抗することを試みざるをえなくなった。

こうして、諸社会は、伝統と既得権にしがみつく守旧派と、たとえ部分的たりといえども、近代西欧に学びつつ自らを西欧化して危機に対処しようとする改革派との抗争のなかで、近代西欧モデルの受容による改革としての「西洋化」改革が進行し始めた。「西洋化」改革は、当初、武器、軍事技術に始まる部分的なものから、次第により体系的なものとなり、ごく限定された領域から、より広汎で多様な領域へと拡大した。そのなかで、近代西欧の文明の所産のみならず、近代西欧の文化の影響も、徐々に浸透していった。

近代西欧の新しい力の根源となった「近代」という時代の新しい構造形成の試みとしての「近代化」と、西欧世界の文化のパターンの受容としての「西洋化」が、わかちがたく結びつきつつ進行すると、「西洋の衝撃」の下における「近代化」と「西洋化」への動きの影響は、支配的集団のなかで支配者層から次第に中間層へと及んでいく。また、支配的集団のみならず従属的集団の一部にも浸透していった。

このような流れのなかで、世界秩序のあり方にも影響は及んでいく。人の住むこの世界を、信心者たるムスリム支配下の世界と、不信心者たる非ムスリム支配下にある世界に二分し、不信心者の世界を価値低きものと見下し、イスラムの聖戦ジハードによって徐々にイスラム世界へと包摂していくというヴィジョンに支えられていたイスラム世界秩序は、「西洋の衝撃」の下に、イスラム世界の東半部では東南アジア、そしてムガール帝国支配下のインドが植民地化されるなかで崩壊し、その西半でも、オスマン帝国が、ヨーロッパの外縁の一国家、それも主権を制限された一国家化されていくなかで揺らいでいった。

十九世紀に入ると、自らを文明的なもの、他を野蛮と見下す華夷秩序にのっとった中国もまた、アヘン戦争以降の西欧の重圧の下に、主権を制限された単なる一国家化され、自らも、この状況に何らかの形で適応していくことを余儀なくされた。同時に、その周辺にあってその中における自らの位置づけ方は様々ながら華夷秩序的対外観は共有していた、朝鮮、ヴェトナム、日本においても、伝統的な世界秩序観は崩れていった。こうして、世界秩序観と深いかかわりをもつ、基本的政治単位のあり方についても、「西洋の衝撃」が加わることとなるのである。

2 ネイション・ステイト・モデルの拡散

解放の理想としてのネイション・ステイト

「西洋の衝撃」の下に、諸文化世界の伝統的世界秩序が揺らぎ始め、近代西欧世界体系が世界大に拡大し、諸文化世界を徐々に包摂し始めるなかで、十七世紀末以降、非西欧諸文化世界の諸政治体は、近代西欧で形成されつつあった領域的主権国家からなるとされる西欧国家体系、ないしは近代西欧国際体系へと組み込まれていく。しかし、西欧側にも文化的差別意識は根強く残り、異文化世界の諸社会は、宗教に基礎をおく中世の名残の強い時代には、キリスト教的西欧に対する異教徒の世界として、そして西欧自体が世俗化するにつれて文化的に異質で文明水準でも劣位にある社会として位置づけられた。

非西欧の諸社会は、近代西欧国際体系の中に包摂されていくにつれて、「西洋の衝撃」への対応として、一方で領域的主権国家の世界としての西欧国家体系に適応し、さらに領域的主権国家でもある近代西欧国家のもう一つの側面であるネイション・ステイト・モデルをもまた、受容しはじめた。このようななかで、まず、西欧世界の最も近い隣人の一つ、東欧正

学術をポケットに！

学術は少年の心を養い
成年の心を満たす

講談社学術文庫のシンボルマークはトキを図案化したものです。トキはその長いくちばしで勤勉に水中の虫魚を漁るので、その連想から古代エジプトでは、勤勉努力の成果である知識・学問・文字・言葉・知恵・記録などの象徴とされていました。

教世界の北方の雄ロシアが領域的主権国家化し、近代西欧国際体系の正式の一員たることをめざした。

ネイション・ステイト・モデルは、その形成発展の過程において、まず西欧世界のなかで徐々に拡散し、ついで異文化世界へと拡散していった。この拡散の過程で、すでにステイトの枠組が存在し、特に構成員の文化的統合が進んでいる場合、「国民国家」としての側面が強調されて受容され、ステイトの枠組自体が弱いか未だ存在せず、あるいは文化的統合が進んでいない場合ほど、「民族国家」という側面が強調されたかにみえる。

チューダー朝の下ですでに、イングランドの他地域への支配の確立していたイギリスや、絶対王政下でフランス語を軸とする文化的統合が著しく進んでいたフランスでは、その前提のうえで「国民」のあり方が問題となった。これに対し、ステイトの枠組が存在しなかったドイツの場合は、文化の担い手としてのドイツ人の自己確立が求められ、その共有にたった「国民国家」が形成されたのであった。

近代西欧世界の外側に位置する異文化世界のなかで、ネイション・ステイト・モデルが最も早く伝播したのは、本来はギリシア・キリル文字圏すなわち東欧正教世界に属しながらもイスラム教徒のトルコ人のたてたオスマン帝国の支配下にあり、正教世界とイスラム世界の接点となっていたバルカンである。

「西洋の衝撃」の下、バルカンの非ムスリム諸民族のあいだでは、ギリシア人を先頭としてネイション・ステイト・モデルが解放のための理想として受容され、しかも文化を異にする多くの集団からなる政治単位の内部における自由と平等ではなく、自らの「民族国家」の確立とその達成後における国民内部の自由と平等を求めるという形のネイション・ステイト・モデル受容による政治運動が、十八世紀末から進行し始めた。

文化的に多元的な構成をもつ社会における従属的集団の解放の理念として、ネイション・ステイト・モデルが受容されるとき、そこではネイションの「民族」としての側面が表面に出、民族の自立のための理想となる例が多い。これに対し、文化的に優越的な集団による、ないしは文化的に一元的な構成の社会において生じたネイション・ステイト・モデルの受容は、解放の理念としてもステイト形成を前提とし、その中で「国民」としての自由と平等と政治への参加の拡大の方向をめざす例が多かった。

改革のモデルとして

「西洋の衝撃」に対抗して「西洋化」改革に着手した「改革派」の支配層にも、ネイション・ステイト・モデルは影響を及ぼした。社会の文化的同質性が高く支配組織も中央集権的形態をとっている場合、改革派の支配層もネイション・ステイト・モデルを積極的に受容活用するインセンティヴをさして有しなかった。そこではネイションよりは、むしろステイトを体制内的改革によりいかに強化するかが課題となった。アヘン戦争、同治中興以降の中国は、このタイプにあたるであろう。

これに対し、文化的同質性は高いが支配組織は分権的であったものが集権化された場合は、内的凝集性を強化すべく、ネイション・ステイト・モデルがより意図的に活用された。そこでは、領域的主権国家としての統一国家のイメージに基づき、国家への国民の忠誠心の動員が図られるとともに、ネイションの「国民」としての顔よりむしろ「民族」としての顔を利用して、新たな統一国家体制の統合と凝集性の強化がはかられた。明治維新以降の日本は、まさにこのタイプにあたる。

文化的に多元的な社会に立脚した政治体の場合、その中に包まれる諸民族集団のなかに分離独立の方向への動きが生じたとき、民族としてのネイションではなく、むしろ国民としてのネイションとしての再統合がめざされた。「臣民」としての平等性を高めていくなかで再統合をはかったタンズィマート改革以降のオスマン帝国がこれにあたる。

そして、いずれのケースでも、「西洋化」改革が進行し、支配的集団のエリート、サブ・エリートのなかに、伝統的価値よりも近代西欧的価値のある部分を受容し、ネイション・ステイトの国民国家としての側面に注目し始め、それを支える自由と平等と政治への主体的参加の契機に関心を抱く者が現われると、支配エリートの上からの改革に対抗する、対抗エリートの下からの改革のシンボルとして、政治的自由と平等と政治への参加の要求と、政治の主体的担い手としての「国民」化への試みが生じて、その制度化への道として立憲主義が求められていく。オスマン帝国の「新オスマン人」運動から「青年トルコ人」運動に至る流れ、日本の自由民権運動、中国の変法運動は、そのような潮流の各々の社会における初期の現われであった。こうしてネイション・ステイト・モデルは、非西欧の諸社会において、「上からの改革」の一部において、そして「下からの改革」の動きのほとんどすべてにおいて、「改革」のモデルとしての役割をはたすようになった。

3　ネイション・ステイト・モデルと文化的相性

統合と共存のシステムの変容

非西欧の諸文化世界が「西洋の衝撃」にさらされ、近代西欧世界体系に包摂されていく過程のなかで、異文化世界である西欧世界で生み出された新たなタイプの政治的基本単位であるネイション・ステイト・モデルが影響を及ぼし始めると、非西欧の諸社会の人々のアイデンティティのあり方にも、徐々に浸透し影響を与えるようになっていった。

一方で、社会のなかでアイデンティティの根拠として、宗教、王朝、その他様々のものへの帰属に対し、民族への帰属が新たな政治的意味をもってうかびあがってきた。また、「国民」の理念の影響の下、政治の主体的担い手たらんとする人々が、支配層の一部、また中間層で生じるようになった。そして、そのことが、さらに広汎な人々を政治的に活性化させていく、口火となった。

アイデンティティの変化は、伝統的な統合のあり方にも影響を与えた。とりわけ、統合の基礎が国家や民族とは異なるものにおかれている場合、伝統的統合のあり方への影響は大きなものとなった。そして、統合のあり方が変化し始めると、とりわけ文化的に多元的な人間集団を包み込んだ社会のなかでは、文化的に異質な人々のあいだの共存のシステムへも影響が及んだ。多民族的な構成の社会にあって、社会の統合における「民族」の意味の増大は、従来の統合の軸に大きな打撃を与えた。これに加えて、「国民」の理念の伝播による人々の政治的活性化の進行が、アイデンティティの変化と結びつくとき、統合の基礎はさらに大きな影響を受けることとなった。ただ、その際、ネイション・ステイト・モデルの伝播のあり方は、当該社会の構造により異なっていた。

文化的相性

ネイション・ステイト・モデルの伝播にあたり、当該社会が文化的に同質的なコアがあり、民族構成において一元性が強くなるほどに、ネイションの「民族」としての側面は、従来の漠然とした「民族」的アイデンティティを強化して自覚的なものとし、社会の統合と凝集性を高める方向で作用した。とりわけ前近代において、政治体の境域と文化的に同質的な民族集団の分布範囲が一致ないしは近似しているとき、「民族国家」としてのネイション・

ステイト・モデルは、統合性を著しく強化すべくはたらいた。

ネイション・ステイトを生み出した西欧世界自身よりも遥かに古くより、民族集団の分布と政治体の境域がかなり一致し、政治的統合が文化的統合によって裏打ちされてきた東アジアの日本、朝鮮などの場合、「民族」としてのネイションと「国民」としてのネイションが必ずしも一致するものではないことが、ほとんど意識されないほどに、新しい理念に適合的であった。とりわけ、政治的統合と文化的統合にくわえて、前近代の「鎖国」時代において世界史上も異例なほどに緊密に統合されたプロト国民経済ともいうべき社会経済システムを創りだしていた日本の場合、そのことがいえよう。しかし、強力な文化的中核を有しながら、周縁に文化的に異質な諸集団を擁し、しかも「国家」というよりは「世界」ないしは「文明」そのものであった中国の場合は、実際には文化的統合度は高いが、新たな理念に対してはエリートの中でかなりの違和感も生じたと思われる。

いずれにせよ、西欧世界において、「中世」から「近代」への移行期に、絶対王政下における領域的主権国家の形成過程のなかで実現された諸条件に近似する諸条件をそなえていた社会ほど、ネイション・ステイト・モデルとの文化的相性は良好であったといえる。

これに対し、近代西欧においてネイション・ステイト・モデルを生み出していった諸条件とは非常に異なる諸条件を有していた社会では、ネイション・ステイト・モデルは、アイデンティティと統合と共存のシステムのあり方に関していえば、文化的相性の点で、問題が生じがちであった。その典型的なケースの一つがイスラム世界であった。今日のバルカン・中東における民族紛争の頻発は、ネイション・ステイト・モデルと当該社会との文化的相性の不適合性によるところが大なのである。

4　水入らずの民族国家への渇望

統合・共存・政治的活性化

ある政治体が成立するとき、その中味をなす政治社会の統合とそこに生きる様々の人々の共存が必ず課題となる。ネイション・ステイトの場合、統合と共存の問題はとりわけ重要となる。というのも、「国民国家」としての側面において「国民」が政治社会の主体的構成員、主体的担い手と想定されることは、「国民的統合」を果たすためには、政治体と個人との間に存在する様々のレヴェルの中間集団をも貫通して、できうれば「全国民」を直接に個々人として、しかも単に外面的のみならず内面的に把握し統合することを要するからである。

そして、このような「国民的統合」の少なくともある範囲における実現の条件は、ネイション・ステイト・モデルを最初に創り出した西欧世界では、中世の王権が絶対王政へと変容していく過程で、様々の中間集団の壁を破り、異なる様々の特権と義務の体系をもつ集団に属してきた人々を平準化していく努力によって創り出されたのであった。国家が直接に個々人を把握して統合し動員することが実現され始めると、従来ないほどに多くの人々が政治的に活性化されるきっかけとなりうる。実際、政治過程の振幅は、近代における国民国家の形成過程と併行して大幅に拡大し、しばしば政治的政策決定の頂点と一般大衆をある程度まで直接につなぐに至った。

「国民」の理念が、とりあえずは中間層の人々を、のちにはさらに広汎な人々を政治的に活性化していくと、政治への参加の欲求と、より多くの「自由」と「平等」への要求も生じていく。それとともに、一つの政治社会内における人々の共存の条件も高まっていく。かつて平等より安全を得るべく、不平等下の共存を甘受していた人々も、平等の下での共存を求め始めるのである。

文化的に同質的であるか、ないしは多文化的ではあるが単に政治社会内における「国民」としての平等が求められる限りでは、問題は単純である。しかし、異なる価値体系をもつ文化集団が併存しているところで、政治的、社会的平等のみならず、価値体系についての平等、文化の自由と平等も求められ始めると問題は複雑となる。そして、とりわけ文化的な自由と平等の希求は、しばしば文化的独立への志向、そしてそれを保証するための政治的独立への志向へと転化しうる可能性を常に秘めていた。

民族のきずな

文化の問題を捨象し、国民なるものを文化的には無色透明な、あくまで政治社会の主体的構成員の総体と想定しても、自由と平等の要求が生ずるとき、これを完全にではないにせよ十分に充たすことすら、非常に多くの困難を伴う。ここに文化の問題が加わると、事態はより複雑化する。しかも、「国民」としてのネイションの統合は、理論上は政治的なもののみに基づきうるにしても、現実には統合の紐帯は文化的色彩をおびる。

なによりもまず統合の実現には、コミュニケーションの手段としての言語の共有を要する。ここで、前近代の諸社会の多くにみられるように、政治的コミュニケーションが上意下達に傾き下意上達はごく限定されたものであり、政治社会の構成員の個々人をとらえる要はなく、戦略的要点をおさえつつ個々人は間接的にとらえうればことたりるとされている場合には、政治的コミュニケーションの手段としての言語の役割も限定されている。

しかし、近代に入るにつれて、政治社会を構成する個々人のレヴェルでの統合が必要となると、政治的コミュニケーションの手段としての言語の共有は極めて重要な意味をもつ。言語は単に技術的なコミュニケーションの手段であるにとどまらず、文化の一片、それも極めて重要な一片である。文化の一片としての言語の政治化は、元来は文化集団である民族の政治集団化をもたらす。このようにして、形成されつつあるネイションのなかで、そのネイションそのものである、ないしは少なくとも優越的集団をなす民族が政治集団化し、「民族」

としてのネイション成立の淵源が生じていく。

こうして形成されていくネイションにおいて、民族としてのアイデンティティは、そのコア部分で統合を強化する要素となっていく。そして、ついには民族としての統合の基礎のうえに「国民」としての統合が成り立っているという意識が成立するに至るのである。

一民族・一国家・一言語の理想への志向

西欧世界では、ネイション・ステイトが形成されていく過程で、政治的ネイションとしての「国民」の顔が表面に出て民族上は多元的に構成されていることを前提とするものから、文化的ネイションとしての「民族」の顔が表面に出るものまで、様々のタイプのネイション・ステイトが生み出されていった。

しかし、少なくとも政治的に優越的な民族集団をコアとするネイション・ステイトにおいては、多くの場合、国民国家の民族国家化への強い志向が生じた。そしてさらに、その延長線上で、一つの民族が政治の主体となり、一つの言語、一つの民族からなる一つの国家を形成するという、「一民族・一国家・一言語」の理想が生じた。

しかし現実には、西欧世界においても、この理想がそのままあてはまりうる社会は稀であった。そこに問題の芽が生じることになる。

民族内平等と民族間差別

一民族・一国家・一言語の理想を追うとき、同一民族内においては、同じ民族の成員としての同質性、連帯性が強調され、少なくとも理念上は民族内平等が求められる。

しかし、一つの国家内に複数の民族、とりわけ政治的支配力において優越的な民族と従属的な民族が存在しているにもかかわらず、一民族・一国家・一言語の理想が追求されるとき、民族内平等に対して、民族間差別が生じていく。その場合、従属的な集団となった民族が多数者の場合はもちろんのこと、少数者の場合にも、今度はその民族集団の平等への要求、さらには自らのネイション・ステイトへの希求を生ぜしめる可能性を秘めていた。

この欲求が、西欧世界及び西欧世界に近接する東欧正教世界でかなりの程度、実現されたのは、第一次世界大戦後の処理においてであり、その支えとなったのは、当時のアメリカ大統領ウィルソンの「民族自決（ナショナル・セルフ・ディターミネイション）」の原則であった。

第二部　イスラム世界

第四章　イスラム世界の構造

1　文化世界としてのイスラム世界

アラビア文字圏

アジア、アフリカ、ヨーロッパの「旧世界」の三大陸を結ぶ大回廊のような空間の上に、東北方は中国の新疆ウイグル自治区、東南方はパキスタンから西はモロッコに至るまで、母語を綴るのにアラビア文字を用いる地域が拡がっている。この地域の共通の特色は、その住民の多くがイスラム教徒、すなわちムスリムであるということである。

今日、住民の多数がムスリムである地域は、母語がアラビア文字で綴られている地域より遥かに広い。しかし、それらの地域の大多数も、「西洋化」改革の過程の中で自らアラビア文字を捨ててローマ字を採用したトルコや、ソ連支配下でキリル文字を採用させられた中央アジアの諸共和国やアゼルバイジャンのように、かつては母語をアラビア文字で綴っていた。

ただ、東南アジアのジャワ語やインド東部のベンガル語などは、ムスリムが用いているにもかかわらず、梵字系の文字で綴られてきた。しかし、それらの諸地域も含め、支配層、知識層の間の信仰・学問・芸術・外交等のための共通の文明語としてはアラビア文字をもって綴るアラビア語が用いられていた。

このようにみれば、イスラム世界を、アラビア文字圏として規定しうるであろう。

文明語としてのアラビア語

アラビア文字圏としてのイスラム世界が成立した最大の理由は、イスラムの聖典たる『コーラン』が、ムスリムによってアラビア文字で綴られるアラビア語で受け継がれ伝播していったことにある。イスラムでは、言語間の全く等価の翻訳は不可能であるという理由で、聖典『コーラン』の単独の翻訳は禁じられている。ただ、事実上の翻訳は可能であり、その場合は必ずアラビア語の原文を伴う、諸言語による注釈の形をとることが要求される。これによってアラビア語は、まず信仰にかかわる共通の文明語としてムスリムに共有され、それを綴る文字としてのアラビア文字が、非アラブのムスリムも生ずるなかで、多く人々の母語を綴るための文字としても受容されていった。

そして、イスラム文化が発達し、文明水準も高まるにつれ、アラビア語は信仰の言語のみならず、学問、科学技術、行政、芸術等の言語たる文明語・文化語として定着していった。

こうして、多種多様な言語を母語とする人々からなるイスラム世界の全域で、文明語としてアラビア語が共有され、文明語の共有が文化世界としてのイスラム世界の文化的凝集性をより高める役目を果たすことになった。

その場合、日本における文明語としての漢文とは異なり、イスラム世界における文明語としてのアラビア語が、文字言語としてのみならず音声言語としても伝播したことは、さらに大きな意味をもった。このことは、同綴異義語を多く有しながら母音表記法が不完全なアラビア語で綴られた『コーラン』のテキストの伝承において、文字テキストとならんで原音による読誦に基づくテキストが重要な意義をもったことから、原音による『コーラン』の正しい読誦がジャンルとして確立したことによるところが大きかった。文字の言語としてのみならず、音声の言語としても文明語たるアラビア語が共有されたことは、少なくともムスリムの知識層の間でのアラビア語の会話によるコミュニケーションをある程度可能とした。それは、人々のつながりと交流にとって、極めて重要な意味をもった。

なお、文化世界としてのイスラム世界は、第二の文明語の存在によって、大きく南北に分かたれうるだろう。すなわち、イスラム世界の南半では、次第にムスリムのみならず非ムスリムの多くも含め、文明語としてのみならず母語としてもアラビア語を受容し、イスラム世界内のアラビア語圏を形成するに至った。しかし、北半では、イラン系諸語を用いる人々とトルコ系諸語を母語とする人々は、ムスリムとなりアラビア文字を受容した後、アラビア語を文明語として受容したが、母語としては従来の母語を保った。これに加え、古代オリエント以来の伝統をもつイラン系ムスリムの用いるペルシア語が、学問、行政、芸術等における第二の文明語化し、イラン系諸語を母語とする人々のみならず、トルコ系諸語を母語とする人々も、これをアラビア語につぐ第二の文明語として受容していった。こうして北半は、母語レヴェルでペルシア語圏とトルコ語圏にわかれ、文明語につき、アラビア語・ペルシア語圏を生み出した。けれどもペルシア語は、イスラム世界の南半をなすアラビア語圏では、ほとんど通用することはなかった。

価値体系と法の共有

一つの文化世界としてのイスラム世界における文明語としてのアラビア語の共有と、母語のアラビア文字による綴り法の採用は、アラビア語の語彙の大々的な受容をもたらし、語彙の受容は多くの重要な理念や概念の受容をもたらした。これに加えて、宗教としてのイスラムの共有によって、基礎的な価値体系をかなりの程度に共有することとなった。確かに、ある宗教を共有するといっても、その宗教が時代と地域により千差万別の形をとることはありうる。南アジアの梵字圏から発して東アジアの漢字圏にまで拡がった仏教の場合がまさにそうである。ローマ・カトリック教会という強靱な枠組を有する西欧キリスト教においてさえ、かなりの程度の地域的・社会的な変容は、避けえなかった。

理念上、聖典『コーラン』の権威のみに頼り、神と人との媒介者としての教会をもたないイスラムの場合、同じイスラムといってもかなり大きな地域的多様性を示す可能性があり、事実そういう傾向はみられた。しかし、唯一神アッラーの観念、預言者ムハンマドの観念等、価値体系の基本的な部分は、かなりの程度に共有された。これに加えて、戒律と法の共有が、イスラム世界の内的凝集性の形成と維持にとって大きな意味をもった。

イスラムにおいては、「唯一神アッラーの最大にして最後の預言者ムハンマドを通じて伝えられた教えに従うこと」が理念上は本義とされる。それゆえ、人間活動の全領域で、良きムスリムは、唯一神アッラーの教えにのっとり行動することが要求される。そして、イスラムの教え、良きムスリムの従うべき規範は、次第にシャリーアという形で体系化されていった。シャリーアとは「清浄な道」を意味し、ムスリムのふみ行うべき規範の総体を意味する。そこには、宗教規範のみならず倫理規範、さらに法規範にあたる部分も含まれる。そのためシャリーアは、しばしば「イスラム法」と訳される。

シャリーアはイスラム世界で、とりわけ都市の支配層、中間層を中心に、かなりの程度に共有された。これに加えて、カトリック的な意味での神と人を媒介する組織としての教会とその構成員としての聖職者をもたないイスラムにおいても、シャリーアについての学識者としてのウラマー（学者）層が歴史的には形成された。「イスラム法学者」とも訳しうるこのウラマー層が、とりわけイスラム世界の諸地域の都市に遍在するようになり、宗教と教育と司法の機能をうけもつようになると、シャリーアの共有性が、より一層保証されるようになっていった。そして、「イスラム法」とも訳されはするが、規範と儀礼の体系であるシャリーアの共有は、礼拝から挨拶に至る多くの儀礼的行動パターンの共有をもたらし、文化世界としてのイスラム世界の凝集性の一つの支柱となった。

イスラム圏の共通性

このような、際だった特色をもつ文化世界であったイスラム世界は、近代世界体系の一部分としてのイスラム圏と化した後も、かなりの程度に共通のパターンを保持している。そこでは、国際面では国境も民族も地域もこえたムスリムの広域ネットワークが、様々のレヴェルで今も活発に動いている。いわば、ムスリムのトランス・ナショナルな関係が厳として存在し、機能している。

イスラム圏においては、国内政治においても、ほとんどの国でイスラムは政治的プラス・シンボルとして少なからぬ力を有し、政治的利害が集約されるとき、しばしばイスラム・シンボルを掲げる陣営が、重要な地歩を占める。とりわけ近代西欧モデル、ないしは近代西欧の生んだ鬼子というべき社会主義モデルによっても要求の満たされぬ人々が他の選択肢を求めるとき、内容は種々雑多であるものの、イスラム主義モデルというべきものがしばしばクローズ・アップされるのである。

また、政治的アイデンティティにおいても、民族主義としてのナショナリズム、さらには、少なくとも一国国民主義の形をとった国民主義としてのナショナリズムに対し、民族と国家の枠組をある程度こえたパン・イスラム主義志向のイスラム主義が、現在もかなりの程度に活力を有しているのである。そしてそのことが、政治の世界では「民族国家」としてのネイション・ステイトが近代の世俗的偶像と化し、「民族主義」としてのナショナリズムが近代の世俗的宗教というべきものと化している近代世界において、それとは非常に異なる世界がありうることを示す点で、重要な意味をもちうるのである。

それでは、このような近代においてもかなり独自の特色を保ちうるイスラム圏の母体となった、一つの文化世界としてのイスラム世界は、いかにして成立したのであろうか。

2　イスラム世界の形成

イスラムの成立

アラビア文字圏と名づけうる、一つの文化世界としてのイスラム世界は、近代西欧が世界大に進出し始める直前に、「旧大陸」に存在していた大文化圏としての文化世界で、最も新しいものであった。文化世界としてのイスラム世界は、新しい宗教としてのイスラムの出現とともに形成され始めた。イスラムは、世界三大一神教中、ユダヤ教、キリスト教につぐ最も新しい宗教として、七世紀前半にアラビア半島に現われた。

アラビア半島は、古代末以来、オリエント世界とヘレニズム世界のはざまにあり、イスラムの誕生前の六世紀から七世紀初頭にかけては、オリエント世界の伝統をくむササン朝ペルシアとヘレニズム世界の伝統を受け継ぐビザンツ帝国が、東西交易路をめぐり抗争するなかで、ときおり両勢力、とりわけササン朝の干渉をうける周辺であった。しかし、七世紀前半、ササン朝とビザンツの両帝国が抗争に疲れると、アラビア半島は権力の真空状態のなかにおかれた。そこで、アラビア半島に古代以来住むアラブ人たちの間に新しい気運が生じてきた。

イスラムは、しばしば砂漠の宗教とみられがちであるが、それは必ずしも正しくない。アラビア半島は、インド洋にむかって突き出し、海からの水蒸気により比較的降雨に恵まれた東南端の「幸福なアラビア」と、大半を砂漠におおわれた「砂漠のアラビア」からなる。確かに、イスラムは、その「砂漠のアラビア」の部分で誕生した。

しかし、砂漠のアラビアにも地下水脈は残されており、所々にオアシスとして涌き出す。砂漠のアラビアは、主にラクダと羊を養うアラブの遊牧民のベドウィンが回遊する地ではあるが、オアシスでは涌水を利用してナツメヤシなどを育てる農業が可能で、集落が成立した。そして、水の得られるオアシスをつなぐ交通路も、アラビア半島全域にわたって拡がっていた。しかも、半島外との関係でみると、北にペルシア湾、東にインド洋、西南に紅海という、古来の東西交易の海の大動脈の一端を控え、陸上では、北にイラク、西にシリアを擁し、細々ながらも海と陸の東西交易路ともつながっていた。

このような背景から、交通路の要所には、少し規模の大きな都市的性格を帯びた集落が散在していた。イスラムが生み出されたメッカも、そのような集落の一つであり、イスラムは、むしろ都市的環境から生まれた宗教であった。しかもイスラムの預言者ムハンマドは、メッカの有能な商人であった。このことは、後にイスラムが拡大していく際に、遥かに規模の大きな古代以来の諸都市にも適応し定着することを可能とする一条件となった。

アラブ民族は、遊牧生活では部族組織に頼って生活していた。しかし、イスラムの誕生したメッカは、内陸に位置しながら紅海からほど遠からぬところにあって、様々の神々の神殿をもつ宗教都市として、また交易都市として、かなり都市化した社会であった。そこでは、古来の部族的紐帯は弱まり、新しい社会の絆が求められていた。そこに、ムハンマドが唯一神アッラーの教えを人々に伝える預言者として現われ、部族はもちろん、民族も国家も超えたイスラムを創始したのであった。イスラムは、特殊な様々の紐帯を超えうる芽を最初から含んでいたのである。

預言者ムハンマドの説くところでは、イスラムとは「唯一神アッラーに帰依すること」であり、神の言葉を伝えるために選ばれた最大にして最後の預言者たる自らを通じて伝えられたアッラーの教えに全面的に従うことであった。唯一神アッラーに帰依した者はムスリム

（帰依者）として、少なくとも理念上は、神の前では平等の同胞であるべきであった。

イスラム世界の原型

イスラムは、預言者ムハンマドの在世中には、ようやくアラビア半島全域に拡がるにとどまった。しかし、六三二年に預言者ムハンマドが没すると、アラブ・ムスリム戦士団が形成され、アラビア半島を出て東西に向かい、七世紀中葉から八世紀中葉にかけて、東ではササン朝ペルシアを滅ぼし、さらに八世紀中葉には中央アジア、インド北部にまで進出した。西方では、当時ビザンツ帝国領であったシリア、エジプトに入り、さらに北アフリカを横断した後、八世紀初頭にはイベリア半島を席巻した。こうして、東は中央アジアから西はモロッコに至る、イスラム世界の原型が、一世紀たらずの間に形成されることになる。

しかも、イスラムは「コーランか剣か」の宗教という、西欧起源で我が国でも広く受容されたイメージとは異なり、少なくとも一神教徒には、不平等の下ながら共存を許容する枠組を有していた。このため、イスラム世界は種々様々の宗教、民族、言語に属する人々の混在する地となった。

他方でイスラムは、その理念において、部族色、民族色を超越する普遍性への強い志向を有していた。このために、「アラブの大征服」で征服された、アラブ人とは民族も言語も異にする非アラブの非ムスリムから、イスラムへの改宗者たちが現われた。ただ、イスラムが成立し確立したのは預言者ムハンマド在世中のアラビア半島においてであり、その聖典『コーラン』はアラビア語であり、信徒の圧倒的多数も当初はアラブ人であった。このため「アラブの大征服」が進行した西暦七世紀中葉から八世紀中葉にかけての、いわゆる四大正統カリフ時代とウマイヤ朝の時代には、アラブ人たることとムスリムたることがほとんど同一視された。そのために、非アラブのイスラムへの新改宗者は、差別されるところがあり、非アラブのイスラムへの改宗者に不満が広まった。

しかし、とりわけイラン系のイスラムへの改宗者を中心とするこのような不満も一つの背景として七五〇年に成立したアッバース朝の下で、アラブ・ムスリムと非アラブのムスリムとの差別は次第に解消され、民族をとわずムスリムが平等に扱われる時代となった。こうして、アッバース朝下でイスラム世界は「アラブ帝国」の時代から、ムスリムが民族をとわず差別されることのなくなった「イスラム帝国」の時代に入った。そして、このムスリム内の民族間の差別の少なさは、後代に至るまで確たる伝統となって続き、イスラム世界におけるアイデンティティと統合のあり方の重要な特色となった。

第二の拡大の波

七世紀中葉から八世紀中葉にかけて、「アラブの大征服」によって原型が成立したイスラム世界は、八世紀中葉以降、イスラム世界のほぼ全てを支配するイスラム的世界帝国としてのアッバース朝の下で、まず都市に定着し、ヘレニズム世界とオリエント世界の伝統を急速に吸収しながら、イスラム文化を育み、独自の文化世界として確立していった。

九世紀以降、一時、外への急速な拡大はみられなくなった。政治的には、アッバース朝の衰えとともに次第に分裂しながら、社会経済的、文化的にはさらに充実し、力を蓄えていった。そして十一世紀に入ると、イスラム世界の対外的拡大の第二の波が訪れる。その北半では、かつて「アラブの大征服」を担ったアラブ人ムスリムにかわり、ムスリム化したトルコ民族が主要な拡大の担い手となり、東方では、北インドへのムスリムの進出とイスラム世界への包摂が進んだ。西方では、長らくビザンツ世界の東半をなし「アラブの大征服」以来のアラブ・ムスリムの進出の動きを退けてきたアナトリアに、十一世紀末、ビザンツ帝国の弱体化とともに、トルコ系ムスリムがイラン高原に樹立したセルジューク朝が進出した。そして、この王朝の分かれであるルーム・セルジューク朝の下で、アナトリアのトルコ化、イスラム化が進行していった。

イスラム世界の南半では、東端で、十三世紀以降、アラブ人ムスリム、イラン人ムスリムの交易活動の影響の下に、東南アジアのイスラム化が進行し始めた。そして西南部では、十一世紀には東アフリカのインド洋岸と西アフリカの大西洋岸のイスラム化が徐々に進行し始めた。こうして、十一世紀にイスラム世界の拡大の第二の波の中で、今日にまでつながるイスラム世界の拡がりが成立することとなった。そして、このようにして形成されていったイスラム世界は、内においても、外に対しても、開かれた世界として成熟するのである。

3 開かれた世界と人々をつなぐもの

開かれた世界

強固な柱をもつ新しい宗教の担い手たちによって短期間に創り出された文化世界であるにもかかわらず、イスラム世界は、他の異文化世界に対して開かれた世界であった。イスラム世界が形成されていくとき、その拡大は、アラビア半島を基点としながら、アジア、アフリカ、ヨーロッパという「旧世界」の三大陸を結ぶ交通と交易の大動脈にそって進行した。そして、成立したイスラム世界は、三大陸を結ぶ陸と海の大回廊上に位置し、遠隔交易、とりわけ異文化世界間の交易を大きな糧として発展していった。

イスラム世界は、一つの文化世界として、周囲の諸文化世界とはくっきりと異なるまとまりを有してはいたが、諸異文化世界からの来訪者を歓迎する、外に対し開かれた世界であった。同時にムスリムたちもまた、機会を得れば異文化世界へと足をのばすことをいとわなかった。イスラム世界の原初の中核地域から遠く離れ、長らく梵字世界に属していた東南アジアの沿海部でイスラム化が進行し、マレー語がアラビア文字で綴られるようになりアラビア文字世界へと包摂されていくことになった端緒が、ムスリム商人の活動にあったことは、このことを端的に示している。

異文化世界にも開かれた世界であったイスラム世界は、その内部において、さらに開放的な世界であった。イスラム世界は、風土を異にする多くの地域からなり、言語も民族も風貌も異にする多種多様な人々の住むところであった。同時にイスラム世界の住人の間には、「移動の文化」とでも呼ぶべきものが存在していた。そして、かなり広汎な地域内移動、さらには地域間移動が、個人のレヴェルでも、ときには集団のレヴェルでも、常時観察された。そこでは地域の壁、国家のまがきは、さほど強く意識されなかった。

もちろん、政治単位間のまがきの相対的低さは、中世西欧世界においてもいいうるであろう。しかし、イスラム世界の場合、移動の距離と移動する者の量が中世西欧に比し、はるかに大きかった。さらに中世西欧世界は、内にある程度の「移動の文化」を有していたとはいえ、異文化世界に対しては長らくはなはだ閉鎖的であった。

イスラム世界の場合、その開放性と移動の文化は、同文化世界内のみならず、周囲の異文化世界との関係においても機能していた点で、中世西欧世界のケースとは非常に異なっていた。そして、この「移動の文化」がイスラム世界の諸社会を一層、多様な人々の混在する世界としたのであり、そのことが近代西欧の生み出したネイション・ステイト・モデルとの文化的相性をより摩擦あるものとしたといえよう。

交易と交通のネットワーク

イスラム世界が七世紀中葉から八世紀中葉にかけて形成されて以来、十五世紀末から西欧人の「大航海時代」が開始され、十六世紀を通じて「旧世界」のみならず「新世界」をも包み込む新しい交通と交易のネットワークが創り出され始めるまでの時期、「旧世界」の三大陸を結ぶ交易と交通のネットワークの要の位置を占めていたのはイスラム世界であった。そして、この交易と交通の最も主要な担い手は、ムスリムであった。その意味では、十五世紀末以降の一連の西欧人の活動の時代を「西欧人の『大航海時代』」と呼ぶとすれば、それに先立つ八世紀中葉から十五世紀末に至る時代は「ムスリムの『大交通時代』」であったともいえる。そして、このムスリムの「大交通時代」を通じて、紙も火薬も羅針盤も、イスラム世界を経由して、中国から西欧へと伝わったのであった。

古来、「旧世界」の三大陸を結ぶ大動脈のうち、陸の大動脈は「草原の道」と「オアシスの道」であった。「草原の道」は中国の西北辺から発し、モンゴル高原をへて、天山山脈北方を通過し、カザフ・ステップを通り抜け、アラル海、カスピ海の北を通過して黒海の北方に至った。「オアシスの道」は中国西北辺に発し、タリム盆地を抜け、中央アジア南辺を通過してイラン高原に入り、あるいはイラク、あるいはシリア、あるいはアナトリアに入る道であった。この二つの道のうち「草原の道」は、東半においてイスラム世界の北方を抜け、西半においてイスラム世界の北辺に入るものであった。「オアシスの道」は、中国西北辺を出るやイスラム世界に入り、これを通り抜けてビザンツ世界、さらに西欧世界に至った。

海の大動脈は、中国東南の沿岸を発してマラッカ海峡を抜けてインド洋に至り、三方向にわかれ、一つはペルシア湾をへて南イラクに、一つは紅海をへてスエズ地峡に、一つは東アフリカを南下してマダガスカル北端に至るものであった。この「香料の道」ないしは「陶磁の道」とも称される海の大動脈は、マラッカ海峡をへた後は、イスラム世界を通過していくこととなった。

「ムスリムの大交通時代」は、この陸海の交通の大動脈のムスリムによる掌握のうえに成立し、その上にムスリムを中心に様々の人々がおりなす交通と交易のネットワークが築かれた。ここに、中世西欧におけるより遥かに広汎な、そして一文化世界内にとどまらず異文化世界をもつなぐ「移動の文化」がはぐくまれたのであった。そして、このことが、ムスリムの世界秩序のイメージ、政治単位のあり方、ムスリムのアイデンティティのあり方にも少なからぬ影響を与えた。

ここで、前近代のイスラム世界における、世界秩序の理念と現実、そこに生きる人々のアイデンティティのあり方、そしてそれらの人々の統合と共存がいかにして成立していたかについてみることとしよう。

第五章　イスラム世界秩序

1 「イスラムの家」と「戦争の家」

世界秩序の理念

イスラム世界における世界秩序の理念は、良きムスリムの規範の総体としてのシャリーアが体系として結晶化していくなかで、明確に定式化されていった。定式化された形において、人の住む世界は、「イスラムの家（ダール・アル・イスラーム）」と「戦争の家（ダール・アル・ハルブ）」に二分される。「イスラムの家」とは、既にムスリムの支配下に入り、シャリーアが十全に行われている世界である。これに対し「戦争の家」とは、未だ異教徒の支配下にあって、シャリーアが行われていない世界である。

イスラムはムスリムにとって、唯一神アッラーの人類に対する最終的な教えであり、それは最大にして最後の預言者ムハンマドを通じ神の教えが伝えられ始めたときに成立するから、イスラム成立の原初においては、人の住む世界は、すべて異教徒の支配下にある「戦争の家」であった。イスラム暦元年、すなわち西暦六二二年に聖遷（ヒジュラ）と呼ばれる預言者ムハンマドのメッカからメディナへの移住が行われた後に、メディナでムスリム信徒団が形成され始めたとき、「イスラムの家」の種子が誕生したこととなる。「イスラムの家」は、一面の「戦争の家」の中から、いわば無から生じた有として成立し拡大してきた世界としてとらえられるのである。

イスラム的世界秩序観は、無から有となった価値ある世界としての「イスラムの家」と、かつてはすべての人間の住む世界をおおっていた価値なき世界としての「戦争の家」という、二つの世界の存在を前提としている。この点では、漢字世界における中華世界秩序観と共通面をもつ。しかし、中華世界秩序観は、いわば文明の光源としての中華が存在し、この光源から光が放射されていくなかで、周囲の夷狄が次第にこの光源にひきつけられて華化していくという静態的なイメージに立脚している。これに対し、イスラム的世界秩序観は、無から生じて有となった「イスラムの家」が「戦争の家」に能動的に働きかけ、せめぎあいながら、次第に「戦争の家」を包摂していくという、著しく動態的なイメージに立脚していた。そのとき、「イスラムの家」が「戦争の家」を包摂していく手段となるものがジハードである。

ジハード

ジハードとは、本来はアラビア語で「非常な努力」を意味し、イスラム的世界秩序観のなかでは、「戦争の家」を「イスラムの家」へと包摂していくためのムスリムの側からの和戦両様の努力を意味する。しかし、既に『コーラン』以来、ジハードは武力によるものがなによりも中心的にイメージされているため、しばしば聖戦と訳されるのである。

イスラム的世界秩序観は、無から生じた「イスラムの家」が「戦争の家」とせめぎあいつつ、和戦両様の不断のジハードを通じて「戦争の家」を次第に包摂し、いつの日にか全世界が「イスラムの家」と化すという、時の流れのなかで展開していく非常に能動的かつ動態的なヴィジョンによって支えられていた。

2　政治単位の理想

一つのムスリム共同体の理念

それでは、イスラム的世界秩序観のなかで、政治単位はいかなるものとしてとらえられているであろうか。ここでも、「イスラムの家」の場合と「戦争の家」の場合は、峻別されている。「戦争の家」は、ムスリムの不断の聖戦の対象であるとともに、無数の異教徒の共同体が相せめぎ合い、相争う場としてとらえられている。それゆえ「戦争の家」は争いと分裂の世界でもある。ただ、そこでせめぎ合う異教徒たちの集団は、民族・人種としてでも、国家・王朝としてでもなく、異教徒の宗教共同体としてとらえられている。

政治的分裂の世界としてとらえられる「戦争の家」に対し、「イスラムの家」は理念上は本来、統一の世界、単一の政治単位たるべきものと考えられた。そしてその背景には、全ムスリムの属する単一の宗教共同体としてのウンマが想定されていた。ムスリムは、異教徒の支配下にある土地に住もうと、既にムスリムの支配下に入った土地に住もうと、全ムスリムの共同体であるウンマの一員である。このうち「イスラムの家」は、既にムスリムの支配下に入った部分にあたるということになる。

カリフ

全ムスリムの共同体としてのウンマは、ただ一人の指導者の下にあるべきものと考えられた。イスラムの預言者ムハンマドの在世中は、唯一神アッラーの預言者としてムハンマドが実際に唯一無二の全ムスリム共同体の指導者であった。ムハンマドは最大にして最後の預言者であるとされるために、その没後は、もはや預言者は存在しえないこととなった。しかし、全ムスリム共同体の指導者としての役割の後継者が必要となり、ムハンマドのこの面の役割の後継者が全信徒の推戴により選ばれた。これはアラビア語ではハリーファと呼ばれ、元邦語では西欧人にならいなまってカリフと呼ぶ。ハリーファとは、アラビア語で後継者、元来は代理人を意味する。翻って術語としてのカリフとは、本来は「地上における預言者ムハンマドの代理人」、しかも預言者としてではなく、信徒団の指導者としての役割の後継者、代理人を意味する。

こうして、イスラム世界秩序の理念においては、「イスラムの家」は単一の政治的基本単位であり、その唯一の指導者として預言者ムハンマド、その没後はカリフが想定されていた。そして、この政治的基本単位は、本質的には宗教共同体であった。

そもそもアラビア語で「イスラーム」というとき、それは「唯一神アッラーに全面的に帰依すること」を意味し、人間活動の全領域において、預言者ムハンマドを通じて伝えられた唯一神アッラーの教えに全面的に従うことを意味する。そこでは理念上、聖俗の別、政教の分離はありえぬこととなるのである。

諸国家なき世界

争いと分裂の世界である「戦争の家」と異なり、「イスラムの家」は、理念上、政治的な分裂をしらない。イスラム本来の理念上は、「イスラムの家」の内部における、ムスリムの諸政治単位の併存は想定されていないのである。

それゆえ、シャリーアには「イスラムの家」内部における複数のムスリムの政治単位間の関係についてのルールは存在しない。ただ、政治的な統一体であり「イスラムの家」の内実をなすムスリム共同体と、「戦争の家」の個々別々の異教徒の共同体との間の関係、とりわけジハードをめぐる関係を律する一連のルールのみが存在している。

このシャリーアの一分野は、シヤルと呼ばれるが、ジハードの開始から終結に至るまでにムスリムがのっとるべきルールが体系化されているため、しばしばイスラム国際法とも呼ばれる。しかし、それはあくまでムスリム側の自己規律であり、単一の政治体としてのムスリム共同体と個々の異教徒の共同体との関係に関するものにすぎず、近代西欧起源の国際法とは、本質的に性格を異にするものであった。イスラム世界秩序の理念のなかにおける「イスラムの家」は、あくまで諸国家なき世界なのである。

世界法としてのシャリーア

分裂なきムスリムの普遍世界としての「イスラムの家」には、理念上、法の分立もありえない。「イスラムの家」における唯一の規範は、良きムスリムの従うべき規範の総体としてのただ一つのシャリーアの体系があるのみである。逆に「イスラムの家」は、このシャリーアが全面的に行われているからこそ、「イスラムの家」たりうるのである。

シャリーアは、ムスリムの人間としての全活動領域における規範の総体であるから、近代的区分でいえば、宗教規範、倫理規範から法規範にわたるものもすべてを含む。このため、シャリーアはしばしばイスラム法と訳されるのである。ここで「イスラムの家」を法的にみれば、世界法としてのシャリーアの統べる世界であったといえる。さらに注意すべきは、「イスラムの家」の外にあって「戦争の家」の中にあるムスリムにとっても、シャリーアを順守する義務があったことである。ただ、「戦争の家」の制約の下では、シャリーアに十全には従いえぬだけである。

イスラム世界の世界秩序観における宗教的普遍主義の強さ、政治に対する宗教の優位、「イスラムの家」の統一性の理念、唯一のムスリム共同体としてのウンマへの帰属意識、そして共通の規範としてのシャリーアの普遍性の理念は、近代西欧世界で成立した世界秩序と政治単位の理念とは、際立って対照的であった。

3　イスラム世界体系の現実

理念と現実の一致していた頃

イスラム世界において、イスラム的世界秩序の理念のうち、ジハードの理念は、その全歴史を通じ、人々を動かす力をもち続けた。そして、第一の拡大の波としての「アラブの大征服」時代においてのみならず、第二の拡大の波においても、大きな意味をもった。

また、単一の政治単位としての「イスラムの家」という理念も、預言者ムハンマドの時代には、まさにそのまま現実となっていた。ムハンマド時代も、四大正統カリフ時代からウマイヤ朝時代にかけても、「イスラムの家」の政治的統一性は一応保たれ、そのうえで「アラブの大征服」が進められ、西はイベリア、北アフリカから東は中央アジアに至る広大な空間が「イスラムの家」へと包摂されていった。

しかし、「イスラムの家」の政治的統一が前提となっていたとはいえ、四大正統カリフ時代の後半には、ムスリム信徒団内の政治的分裂が顕在化し始めた。そして、預言者ムハンマドの従弟で第四代カリフとなり、ムハンマドの愛娘ファーティマの夫でもあるアリーの時代に、アリーとウマイヤ家のムアーウィアの対立が激化した。さらに、アリーが第三勢力に暗殺された後、ムアーウィアがカリフと称しシリアのダマスクスを首都としてウマイヤ朝を開いた。しかし、ウマイヤ朝に従った者たちとアリー支持者との対立は続き、後の多数派のスンナ派とあくまでアリーとその子孫のみが預言者ムハンマドの後継者たるべきだと主張するシーア派との対立の原型が成立していった。ただこの対立も、単一の政治単位としての「イスラムの家」の内部の対立にとどまっていた。

その後、七五〇年にウマイヤ朝を倒してアッバース朝が成立すると、ウマイヤ家の一族がイベリアに逃れ、七五六年に後ウマイヤ朝を立て、「イスラムの家」の政治的統一が崩れることとなった。ただし、イベリアの後ウマイヤ朝の支配者は、当初は、自らアミール（太守）を称しており、現実の政治的分裂は固定化していったが、一人のカリフの支配する世界としての「イスラムの家」の政治的統一は、名目上は一応保たれていた。

分裂の現実

九世紀後半から十世紀にかけて、アッバース朝領内で徐々に地方政権が出現するようになると、事実上の政治的分裂がさらに進行した。これに加えて、九〇九年にマグリブすなわち北アフリカ西部にシーア派のファーティマ朝が成立して、アッバース朝カリフの権威を否定し、自らカリフを称すると、「イスラムの家」の政治的分裂は決定的となった。そして、マグリブと関係の深いイベリアの後ウマイヤ朝も、ファーティマ朝に対抗すべくカリフを称するようになると、スンナ派のバグダードのアッバース朝のカリフとコルドバの後ウマイヤ朝のカリフに加え、シーア派のファーティマ朝のカリフが鼎立することとなり、「イスラムの家」の政治的分裂はさらに決定的となった。

さらに、十世紀中には、アッバース朝が弱体化し、その領内に多くの地方政権が成立し始め、「イスラムの家」の政治的分裂が一層進行した。

このような現実のなかで、イスラム世界における事実上の政治単位としてダウラなる概念が成立していった。ダウラは、「回転する」という意味の動詞ダワラに由来し、「回転」「順番」「チャンス」の意から転じて成立した語であり、「王朝」、「王朝・国家」を意味するようになった。以後、イスラム世界は、事実上、ムスリムの様々の「王朝・国家（ダウラ）」の併存するところとなり、ついに政治的統一を回復することはなかった。

諸国家の分立と普遍性の理念

こうしてイスラム世界は、ムスリムの諸政治単位の分立するところとなり「王朝・国家」とも訳すべきダウラが、事実上の政治的基本単位と化していった。しかし、「イスラムの家」の統一性と普遍性の理念は、根強く残り続けた。とりわけ、ムスリム中の多数派をなしてきたスンナ派のムスリムにとっては、バグダードのアッバース朝カリフの存在は、「イスラムの家」の統一性と普遍性の可視的シンボルとして大きな意味をもった。そのアッバース朝カリフが、一二五八年にモンゴルのバグダード征服によって滅亡した後は、むしろシャリーアの普遍性がイスラム世界の統一性と普遍性のシンボルと化した。

このような中で、現実には政治的分裂とムスリムの複数の政治単位の併立が常態となったにもかかわらず、この状況がシャリーアによって体系的に正統化されることはなかった。ようやく、個々のダウラの支配者の支配の正統性は、それぞれの土地におけるシャリーアの秩序の守護者としてかろうじて理由づけられた。しかし、世界秩序の理念においては、なお「イスラムの家」の統一性の理念が保ち続けられ、事実上の政治的基本単位としての諸ダウラ間の関係を律する規範が体系的に理論化されることはなかった。

そこでは、個別の政治単位が、中世西欧世界におけるように、理念的にも定着することはなかった。主権と立法権もまた、理念上はあくまで唯一神アッラーにのみ属するものであり続けた。そして、事実上、土地の慣習法と君主の命令を基礎に、各々の国家法が部分的には存在していたものの、理念上はそれらはあくまでシャリーアの施行細則的なものにとどまり、シャリーアのみが世界法ともいうべきものであり、実際に生活のかなり大きな部分を律する法として妥当していた。このような中で、「主権国家」的なものが形成されていった「中世」から「近代」にかけての西欧世界とは異なり、少なくとも理念のうえでは個別的な「国家」そのものの枠組と理念には相対的に脆弱な面が秘められていた。

これに加えて、空間面を強調した「領域国家」の面からみても、イスラム世界では長い歴史のなかで、イラクやシリアやエジプトのように、社会経済的及び文化的に特色ある「地域」が形成され発展していった。しかし、個々のダウラの領域は、それが大型化すると、多くの場合、いくつかのこのような地域を包摂して成立した。そのため、特定の地域が特定の政治単位との結びつきを強め領域国家が成立した西欧世界と様相を異にした。

さらに、主権、領土と並ぶ近代西欧で成立した「近代国家」の主な要素たる国民、すなわち政治体の構成員のアイデンティティと統合のあり方においても、中世から近代に至る間に西欧で成立していったパターンとは大きな相違がみられた。近代西欧で成立したネイション・ステイト・モデルが「西洋の衝撃」の一端としてイスラム世界にも浸透し始めたとき、これらの諸点は、より大きな文化的摩擦を生ぜしめることとなった。

第六章　アイデンティティ・統合・共存

1　宗教の優位

ムスリム・アイデンティティ

イスラムにおいて、理念上、全人類を分かつ基準は宗教であり、信心者たるムスリムと不信心者たる異教徒に二分される。現実に、その後の歴史のなかで、少なくともムスリムの側においては、宗教がアイデンティティの第一義的根源として定着していった。

アイデンティティにおける宗教の優位は、世界法としてのシャリーアにおける「法的地位」が宗教により異なることにより、制度的にも保障された。ただ、イスラムは、預言者ムハンマドの没する前には、ほぼアラビア半島内にとどまった。このため、普遍的な宗教的アイデンティティとしてのムスリム・アイデンティティには、特殊的なエスニックなアイデンティティたるアラブ人意識がまとわりついていた。イスラムのより広汎な世界への定着は、このアラブ人意識をムスリム意識が克服していくことによって可能となった。

アラブ意識からムスリム意識へ

預言者ムハンマドの在世中はほぼアラビア半島内に限られていたイスラムであったが、その没後、アラブ・ムスリム戦士団が結成され、アラビア半島から東西に急速に拡大するにつれて、様々の宗教、様々の民族、様々の言語に属する人々がアラブ・ムスリムの支配下に入り、非アラブの非ムスリムの中にも、征服後イスラムに改宗した新改宗者が生じていった。イスラムの理念上、ムスリムは、民族、人種をこえて、神の前では平等のはずであった。しかし、四大正統カリフ時代からウマイヤ朝期にかけては、ムスリムたることとアラブたることが、アラブ・ムスリムの間では、なお混然と一体をなしていた。このため、非アラブの新改宗者はマワーリーと呼ばれ、差別されていた。この時代を、後代の研究者はアラブ・ムスリムがアラブ人として支配した時代として、「アラブ帝国」時代と呼ぶ。

このため、非アラブのイスラムへの新改宗者の間では不満が高まり、特に古代オリエント文化の伝統を受け継いだ高度の文化をもつイラン系のムスリムの間で強かった。この状況下で、シーア派的要素や非アラブ・ムスリムにも支持を拡げ、アッバース家がウマイヤ朝を倒してアッバース朝を興すと、その下でアラブと非アラブのムスリムの差別は徐々に解消され、出身民族の異なるムスリム間の平等が実現されていった。このため、アッバース朝を、後代の研究者は「イスラム帝国」と呼ぶ。実際、アッバース朝の成立によって、イスラム世界に宗教としてのイスラムに立脚する普遍的なイスラム的世界帝国が出現したといえる。そして、民族・人種・言語・地域等をこえた優越的アイデンティティとしてのムスリム・アイデンティティが、とりわけ都市部を中心に定着していった。

重層的アイデンティティ構造の成立

イスラム帝国としてのアッバース朝成立後のイスラム世界においては、宗教としてのイスラムが、とりわけ都市部を中心にムスリムの人々のアイデンティティの最大の根源となった。すなわち、ムスリムとしてのアイデンティティが、人々の意識の中で優位を占めた。しかし同時に、最も身近なアイデンティティとしては、血縁、地縁に基づくそれが存在した。そして、再び普遍的なムスリム文明と、特殊的で身近な血縁的、地縁的、あるいは職業的アイデンティティとの中間に、言語を媒介とするアラブ人、イラン人、トルコ人といった民族意識、イスラム法学者としてのウラマー層といった社会層への帰属意識や特定の王朝国家への帰属意識などが存在していた。また、支配層に属する人々の一部には、王朝国家への帰属意識も、かなり重要なアイデンティティの根源をなしていた。

このように、イスラム世界では、ムスリムにも、ムスリム意識の下に様々のアイデンティティが重層的に成立し、様々な局面においてそのいずれかが露頭をみせた。そして、この重層的なアイデンティティの構造は、イスラム世界が「西洋の衝撃」に直面するまで、基本的に保たれ続けた。このことが、近代西欧で成立した「民族」としてのネイションの意識が浸透したとき、とりわけ大きな混乱をひきおこす重要な淵源となったのである。

2 統合と共存の様式

「コーランか、貢納か、剣か」

ムスリムの中にも複雑かつ重層的なアイデンティティ構造を生み出したイスラム世界は、宗教的にも複雑な構成をもつ世界であった。本邦では、長らく西欧起源の「コーランか、剣か」の宗教としてのイスラムのイメージが定着し、イスラムは不寛容の宗教とされがちであった。確かに、イスラムは非常に厳格な一神教であり、宗教が人間を区別する最大の基準をなす。しかし、イスラムを直ちに不寛容の宗教とするのは正しくない。

先にのべたように、イスラムでは、人間はムスリムと非ムスリムに大別され、人間の住む世界はムスリム支配下に入った「イスラムの家」と、未だ非ムスリムの支配下にある「戦争の家」に大別される。そして、イスラム的世界秩序観は、ジハードによって「戦争の家」が徐々に「イスラムの家」へと包摂され、いつの日にか全世界が「イスラムの家」と化すであろうというヴィジョンによって支えられている。しかし、そこでは「イスラムの家」は、当面、ムスリム一色の世界になるとは想定されていない。イスラムにおける非ムスリムは、偶像崇拝者と、キリスト教徒やユダヤ教徒のように唯一神を奉じ神の啓示の書を有する「啓典の民（アフル・アル・キターブ）」に大別される。そして、偶像崇拝者に対しては、「コーランか、剣か」の選択が強要された。

とはいえ、一神教徒の「啓典の民」には「コーランか、貢納か、剣か」の三つの選択肢が残され、「イスラムの家」のなかでムスリムと共存する余地が確保されていた。

非ムスリムとの共存の探求

「戦争の家」に属する「啓典の民」は、ムスリム共同体との契約によって、「人頭税（ジズヤ）」を中心とする特別の貢納の義務と一定の行動制限に服することを承認すれば、ズィンマと呼ばれる特別の保護を与えられた「ズィンミー（被保護民）」として、ムスリム優位下の不平等の下の共存ないし許容の形ながら、シャリーアの許す範囲内で固有の信仰と法と生活慣習を保ちつつ、自治生活を営むことが許されていた。

このズィンミー制度は、理論上体系化されたのみならず、歴史的現実においても、原初以来、前近代のイスラム世界の歴史を通じて、かなり現実にも定着していた。しかも、キリスト教やユダヤ教の位置づけも、前近代のキリスト教世界におけるイスラムの位置づけとは全く異なり、モーゼやイエスも同じ唯一神アッラーの遣わした預言者として認め、旧約聖書や新約聖書を真正の啓示の書と認めたうえで、それらの啓示を不完全な形で伝えられ受けとられたものとして、イスラムの優位を主張するにとどまった。

こうして、多種多様な言語、民族、宗教に属する人々の混在する広大な諸地域に拡がるイスラム世界では、宗教を基軸として統合され、一定の範囲内で不平等の下ながら異宗教に属する人々も共存しうるシステムが成立していた。さらに、イスラム世界の拡大とともに、ユダヤ・キリスト教的伝統にたつ一神教系の宗教以外の高等宗教を奉ずる人々が多数をなす地域に達すると、一方で「啓典の民」の概念を拡張してヒンドゥー教徒や仏教徒をもそれに準じて扱うようになり、他方、「偶像崇拝者」の範囲をアラビア半島の偶像崇拝者に限定していくことで、共存の余地を拡大して新事態に適応していった。

宗教への帰属

こうしてイスラム世界では、多種多様の人々を宗教に基づき統合し共存を可能とするシステムが形成されていった。このシステムは、ムスリムのみならず非ムスリムの側も、アイデンティティの第一義的根源を宗教に求める傾向をもっていたことにより、よりよく定着して、民族への帰属意識を第二義的なものとするうえで重要な意味をもっていた。

法のシステムにおいても、ムスリム側は、他の諸宗教に属する諸集団の法をもシャリーアとの類比でとらえ、シャリーアの大枠の下で、宗教帰属に基づき各々の法が適用される属人主義的な法のシステムをつくり上げていった。この状態は、近代西欧で成立した属地主義的な法のシステムが流入するまで、さして変化をみなかった。

このような環境下では、国家への帰属よりも宗教への帰属が大きな意味をもち、「外国人」と「自国民」の別よりは、どの宗教に属するかが大きな意味をもつ。このことは、国境と国家帰属意識のまがきが低いという特色を生み出した。このような前条件は、近代西欧で成立した「領域的主権国家の理念」とそれに伴う属地主義的法体系、そしてネイション・ステイト・モデルが流入するとき、急激な変化を強いることとなった。

異文化世界間の往還のしくみ

イスラム的世界秩序観のなかで、異文化世界は、なによりも異宗教世界として位置づけられた。イスラム世界と異宗教世界との関係は、相対立する「イスラムの家」と「戦争の家」との間の絶えざる抗争としてとらえられた。しかし、イスラム世界秩序観におけるこのような異文化世界との関係のイメージは、イスラム世界が、現実にそれをとりまく様々の異文化世界と接触し抗争しつつ形成されるなかでできあがったもので、むしろ様々の異文化世界との密接にして不断の関係の存在が前提となっていた。

不断の抗争の背後には、「旧世界」の三大陸を結ぶ陸の交通と交易の大動脈にそってイスラム世界が拡大していった事情があった。イスラム世界の繁栄を支えた大きな要因は、ムスリムが「旧世界」の三大陸にまたがる異文化世界間交易の中心的担い手となったところにあった。イスラム的世界秩序の理念のなかには、異文化世界間の往還のしくみが理論的に体系化された形で内包されており、それはイスラム世界が「旧世界」の三大陸の異文化世界間関係のなかで占める位置に適合的なものであった。

イスラム的世界秩序の理念の根底を提供したシャリーアでは、「イスラムの家」と「戦争の家」との間の往還は、アマーン制度なるものを通じて可能となった。「イスラムの家」と「戦争の家」が現実の交戦状態にないとき、「戦争の家」に属する非ムスリム（ハルビー）は、個人としてのムスリム、あるいはムスリム共同体の長から、一定の条件の下で特別の安全保障（アマーン）を与えられれば、「被安全保障者（ムスタミン）」として「戦争の家」から「イスラムの家」へと赴き、シャリーアの大枠の下で、アマーンに定められた条件と期間の範囲内で「イスラムの家」に滞在し、活動し、財物をも携えて安全に「戦争の家」に帰還することが認められた。アマーンの期間は、シャリーアの学説では、最長一年とされた。この期間をこえるときは、退去することを要し、もしとどまるのならば、その異教徒は「戦争の家」に属する異教徒であるムスタミンから「イスラムの家」に属する異教徒としてのズィンミーの地位に移るものとされた。

ムスタミン制度は、ムスリムが「戦争の家」に赴くときも準用さるべきものと考えられた。ここでもまた、基準は国家等への帰属ではなく宗教への帰属におかれ、自国民と外国人の別ではなく、ムスリムと特殊なタイプの非ムスリム、すなわち「戦争の家」に属する非ムスリムとの別としてとらえられた。そして本来、「イスラムの家」に属する非ムスリムとしてのズィンミーと、本来は「戦争の家」に属する非ムスリムとしてのムスタミン間の関係は、流動的なものとしてとらえられた。

このムスタミン制度もまた、ズィンミー制度と同じく、単なる理論上のものにとどまらず、歴史的現実のなかで、イスラム世界の広汎な地域において、現実の制度として機能した。そしてそのことが、イスラム世界を「旧世界」の三大陸上にひろがる諸異文化世界間の交易と交流の中心とすることを可能としたのであった。

なお、いわゆるキャピチュレーションは、ムスリムの諸政治体が「戦争の家」からの非ムスリムとの交易を振興すべく、ムスリム側が一方的恩恵として、ムスタミンの条件を特別に緩和したことに由来し、本来は一方的に取り消すことができた。キャピチュレーションで、後に「領事裁判権」として知られたものが認められたのも、宗教の異なる者は、シャリーアの大枠の範囲内で、各々の宗教の法によって裁かれるのが当然との考え方によっていた。これが「外国人」の特権としての「領事裁判権」と化するのは、近代に至り力関係が変化した後のことで、かつまた、近代西欧で領域的主権国家の理念が形成され、従来の属人主義的法原則から属地主義的法原則へと基本が移っていった以降のことである。

3　多様性社会の現実

宗教・宗派の多様性

理念上の「イスラムの家」は、決してイスラム一色の世界としては想定されていない。そして、歴史上の現実としてのイスラム世界は、はなはだ多様な宗教・宗派を包み込んだ世界であった。否、今日の近代世界体系内の一サブ・システムとしてのイスラム圏においても、宗教・宗派の多様性が目につく。とりわけそのことは、西欧圏との比較においていえる。

西欧圏は、近代以降の流入者を除けば、キリスト教徒と、そして異端と異教の間に位置するユダヤ教徒だけの世界であった。しかも、キリスト教の宗派も、宗教改革で生じたプロテスタント系の諸宗派を除けば、ほぼカトリックのみにとどまる。このことは、いわゆる「西欧中世」における歴史的存在としての西欧キリスト教の不寛容性に由来している。

イスラム圏は、イスラム、キリスト教、ユダヤ教等の共存する世界であった。今日のイスラム圏についてみても、土着的キリスト教の宗派は、西欧圏のそれに比しはるかに多様である。正教会、グレゴリオ教会、コプト教会に始まり、マロン派から、西欧世界では「古代」に異端として滅んだネストリウス派に至るまで、著しい多様性がみられる。イスラム圏が今日も、キリスト教世界を称した西欧圏に比し、キリスト教諸宗派の博物館の如くなのは、前近代イスラム世界の「イスラム的寛容」というべきものの遺産といえる。
イスラムの宗派としてもスンナ派、シーア派、シーア派の極めて特殊な派生宗派というべきドルーズ派等々が存在する。これに加えて、イランには少数ながら、かつてササン朝ペルシアの国教であったゾロアスター教が残り、南アジア、東南アジアのイスラム圏では、さらにこれにヒンドゥー教などが加わるのである。

また、ユダヤ教徒は前近代を通じ、西欧世界よりもはるかに安定した形で共存を享有してきた。今日のイスラム圏でユダヤ教徒の分布がかなり縮小しつつあるのは、イスラム圏自体の問題というより、西欧の影響の下に成立した近代民族主義の一つたるシオニズムの下にイスラエル国家が成立して以降の問題である。

民族と言語のモザイク

民族と言語についてみれば、今日のイスラム圏は、宗教の多様性にもまして、さらに多様である。歴史的にも、また今日においてもイスラム世界の中核をなしてきた地域が、今日のいわゆる「中東」地域であるが、その南半はアラビア語圏である。この地域では、「アラブの大征服」後、アラブ人の流入と土着の住民のアラビア語の母語としての受容とによる何世紀にもわたるアラブ化の過程の中で、アラビア語を母語とし、アラブ人アイデンティティをもつ人々が圧倒的多数となった。しかし今も、その西半のマグリブにはベルベル語を母語とするベルベル人がかなり多く存在する。そして、その東半にも古代シリア語の流れをくむ言語を母語とし、ネストリウス派のキリスト教を奉じアッシリア人と呼ばれている人々などが存在している。

いわゆる中東地域の北半のうち、今日では西半はトルコ共和国となりトルコ語圏であり、東半はイランとなっておりペルシア語圏であるが、両者の中間地域からアラビア語圏の北縁をなす北イラク、北シリアにかけては、印欧語系のクルド語を母語とするクルド人が相当数存在する。イランにはアゼルバイジャン語、トゥルクメン語などを母語とするトルコ系諸集団やアルメニア語を母語とするアルメニア人がいる。トルコ共和国内にはトルコ語を母語とし民族としてトルコ人アイデンティティをもつ人々に加え、アナトリアの東部には少なからぬクルド人がおり、西アナトリアの都市部には、ギリシア語を母語とするギリシア人やアルメニア語を母語とするアルメニア人が少数ながら住んでいる。

イスラム圏の古くからの中核たるいわゆる中東地域の外部においては、さらに多種多様の言語と民族が分布している。そして、そのカタログは、政治的支配を通じ、バルカンやインドまで包摂していた前近代のイスラム世界においては、さらに豊富であった。

ゆるやかな統合と共存のシステム

今日のイスラム圏においても、様々の宗教と宗派、民族と言語が存在する。しかも宗教と宗派、民族と言語は、しばしば一地域、否、一都市、ときには一村落のなかでも、入り組んで存在している。そこには、いわば宗教・宗派と民族・言語の複雑に入り組んだモザイクのような構造が見出される。さらに、そのモザイクの文化的に多様な各断片は、相互に関係をもちつつ、独自性をも保っている。そして、宗教・宗派の分布はもちろん、民族と言語の分布もまた、今日の国家の国境とは必ずしも一致しない。否、一致しないのがむしろ普通なのである。それは千数百年にわたり政治体の領域と言語の分布とその担い手の分布がほぼ一致してきた日本とは、非常な対照をなす。

イスラム世界において、このような複雑極まる宗教・宗派と民族・言語のモザイク的分布構造が成立し、今日まである程度、存続しえたのは、前近代のイスラム世界において、宗教を基軸とし宗教も言語も民族も異なる多種多様な人間集団をゆるやかに統合しそれらが共存することを可能とするシステムが存在し、かなりの程度に機能してきたためであった。かつてのイスラム世界の中核をなしてきた中東、そしてかつてイスラム世界の西北端として包摂されていたバルカンなどが、今日、民族紛争のるつぼの観を呈しているのは、前近代には実在し、かなりの程度に機能してきたこのシステムが、「西洋の衝撃」の下で溶解し、これを代替するものが確立していないためなのである。

以下、第三部では、イスラム世界に「西洋の衝撃」が及んだ頃、イスラム世界の巨大政治体であったオスマン帝国のケースについて、その構造的特質と、「西洋の衝撃」の下、ネイション・ステイト・モデルの影響が浸透してくる中での変容の過程をたどり、文化世界とネイション・ステイト・モデルの相剋の一端を明らかにすることとしよう。

第三部　オスマン帝国

第七章　イスラム的世界帝国としてのオスマン帝国

1　オスマン帝国という政治体

「すべての民族は各々の民族国家をもつ」という神話

これから、ここで物語ろうとするのは、近代西欧で生まれた「すべての民族は各々の民族国家をもつ」という神話が未だ存在しなかった頃、一つの特異な文化世界としてのイスラム世界の文脈のなかで、オスマン帝国という巨大な政治体が、いかにして宗教も言語も民族も異にする多種多様な人々が複雑極まるモザイク構造をなして分布する空間の中で、それらの様々の人間集団を統合しつつ形成され、六世紀半近くにわたって存在しえたのか、そして、それが「西洋の衝撃」の下で「すべての民族が各々の民族国家をもつ」という理念が浸透していくなかで、いかにして解体していったかという物語である。

この物語は、オスマン帝国に比すれば、政治体としての規模においても、内包していた人的要素の多様性においても遥かに小規模ではあったが、同じく様々の宗派、言語、民族に属する人々を包摂していたハプスブルク帝国の形成と崩壊の物語とパラレルをなすといえる。しかし、西欧キリスト教世界の土壌の中で生まれたハプスブルク帝国とイスラム世界の中で成立したオスマン帝国では、文化世界的背景を異にするがゆえに、その形成過程、構造、そして崩壊過程は、非常に相異なっていた。両帝国は、興味深い比較の対象たりうる。しかし、それはいつか語られるべき別の物語である。

トルコ帝国という呼称

ここでオスマン帝国と呼ぶ政治体は、我が国でも、しばしばオスマン・トルコ帝国、オスマン・トルコ、トルコ帝国、トルコなどと呼ばれる。これらの呼称は、いずれも前近代のオスマン帝国の人々自身の表現からの翻訳ではなく、近代西欧諸国語からの翻訳に基づく。

中世末の西欧世界の人々にとってトルコ人は、従来のアラブ人にかわるサラセン人（イスラム教徒）の新手の先鋒であり、単にトルコ人と呼び、その政治体をオスマン朝の形成発展とともに、トルコ、トルコ国家、トルコ帝国と呼んだ。ここには、アラブ人とは異なる民族に属する集団とその形成した政治体としての認識が反映されていた。と同時に、民族としてはトルコ人からなるこのイスラムの脅威の新たな担い手が、オスマンを始祖とする王朝に属することも認識され、これをオスマン人、オスマン・トルコ人と呼び、その政治体をオスマン国家、またオスマン帝国とも呼んだ。この呼称は近代にまでひきつがれていった。

従来の我が国における、トルコ、トルコ帝国、オスマン・トルコ帝国、オスマン帝国といった呼称は、いずれも西欧における呼称の翻訳であった。西欧人は原初以来、この政治体をオスマンを始祖とする一つの王朝としてとらえるとともに、その中心的担い手の民族性に着目して、トルコ人、トルコ、トルコ帝国とも呼び、近代の日本人もこれにならったのである。

それでは、オスマン帝国の支配層の人々は、自らの政治体をいかに認識していたのであろうか。彼らの中でもまた、トルコ語を母語にする人々は、主として言語に基づき、自らをトルコ人（テュルク）と認識していた。そして、とりわけ初期には、自らの軍勢を「トルコ人の軍勢（テュルク・アスケリ）」などと呼んだ。

しかし、自らの政治体について、これを民族性に基づき、トルコ、トルコ国家などと呼ぶことはなかった。彼らは、自らの政治体について人間の集団としてみるとき、これを「デヴレッティ・アリ・オスマン（オスマン家の王朝・国家）」、「デヴレッティ・アリエイ・オスマニエ（オスマンの崇高なる王朝・国家）」、さらにしばしば「デヴレッティ・オスマニエ（オスマンの王朝・国家）」、さらには単に「デヴレッティ・アリエ（崇高なる国家）」と呼んだ。デヴレットは、元来は「回転」、「順番」のち「王朝・国家」をも意味するようになったアラビア語のダウラの語に由来し、トルコ語でも、人間の集団としての王朝・国家を意味する語である。

この「オスマン家の王朝・国家」すなわちオスマン朝の領土を空間としてとらえるとき、これまた彼らは決して「トルコ」とは呼ばなかった。彼らは、これを通例、「メマーリキ・オスマニエ（オスマン家の諸国土）」、ないしは「メマーリキ・マフルーサ（神に守護された諸国土）」と呼んだ。現代トルコ語で、トルコを意味するテュルキエという語は、実は前近代には存在せず、十九世紀に入り、西欧語から採り入れて作られた新語である。

「トルコ人」を意味するテュルクの語も、トルコ語を母語とする人々の意でも用いたが、オスマン朝の支配層の人々はむしろ、「アナトリアのトルコ語を話す粗野な農民」の意味で、しばしば軽侮の念をこめて用いた。そして、そのような人々の住むところとしてのアナトリアが「テュルキスタン」すなわち「テュルクたちの土地」、つまりは「トルコ語を話す粗野な農民たちの住む土地」と呼ばれた例があったが、このテュルキスタンの語は、中央アジアの呼称としてのテュルキスタンの語とは別物であった。

イスラム国家としてのオスマン帝国

オスマン朝は、確かに主として言語に基づき「トルコ人」意識をもつ人々を中核として形成され始めた。その結果、出来上がった政治体は、ときに中央アジアを故郷としアナトリアに初めて入ったトルコ人としてのトルコ系オグズ族が中心になって築いた王朝の一つとして位置づけられることもあったが、通例は、イスラム世界におけるイスラム諸王朝の一つとして位置づけられた。前近代のオスマン朝の人々の手になる通史は、通例、天地創造とアダム以来の人類史、イスラムの誕生以来のイスラム世界史、オスマン朝の歴史という三つの形態のいずれかをとった。そして人類史、イスラム世界史のなかで、オスマン朝は、常にイスラム諸王朝の一つとして扱われ、「トルコ人の王朝」として「トルコ人たちの集団（タイフェイ・エトラーク）」と呼ばれたのは、奇妙なことにトルコ系のマムルーク（奴隷軍人）の支配したエジプトのマムルーク朝前半の体制であった。

実際、前近代のオスマン帝国において、君主の権力の正統性の根拠はイスラムの聖法シャリーアに求められ、国法の基幹的部分もまた、理念上はシャリーアであるとされていた。少なくとも、オスマン帝国の支配層の人々は、自らをムスリム、オスマン朝という王朝に属する者、すなわち「オスマン人（オスマンル）」と意識していた。オスマン人たる要件は、オスマン朝に仕え、オスマン朝の支配層の者にふさわしい行動様式を身につけ、願うらくはオスマン朝の支配層にふさわしいトルコ語を話しうることであり、民族としてのトルコ人の出自をもつことには求められなかった。否、支配層の中枢の一部には、意識的にトルコ語を母語としない、民族的に非トルコ的要素があてられていた。

オスマン帝国は、確かにトルコ系ムスリムを中心として形成が開始された政治体であったが、理念においても、支配組織の中核的担い手の構成においても、トルコ民族国家ではなく、むしろオスマン家の王朝であり、何よりもイスラム国家と考えられていた。

最後のイスラム的世界帝国

オスマン帝国は、十三世紀末に当時のイスラム世界の辺境に興った政治体であった。しかし、一四五三年にはビザンツ帝国の帝都コンスタンティノポリスを征服してかつてのビザンツ世界のほぼ全域を手中にし辺境の新興帝国となった。さらに十六世紀に入ると、九世紀末からアッバース朝が衰えて以来、イスラム世界の中核地域となってきたエジプト、シリアと、そしてイスラムの二聖都メッカとメディナを支配下においた。

こうして、オスマン帝国は、イスラム世界の中核的政治体となるとともに、次第にイスラム世界の最大のライヴァル化しつつあった西欧キリスト教世界に対する聖戦の旗手となった。オスマン帝国は、イスラムの宗派中、多数派のスンナ派に属する王朝であり、十六世紀初頭以降、前近代のイスラム世界の歴史の前半におけるアッバース朝に対比しうる、その後半におけるイスラム的世界帝国ともいうべき性格を帯びるに至った。

このことが、後代、近代西欧の台頭とともに、オスマン帝国自体のみならず、イスラム世界全体が「西洋の衝撃」にさらされるようになったとき、オスマン帝国の君主としてのスルタンが、同時に全ムスリムの指導者としてのカリフであるというスルタン・カリフ制の理論が生じ、オスマン帝国の君主が帝国の領域をこえて、遠く中央アジア、インド、東南アジアのスンナ派ムスリムからもスンナ派の正統なカリフと認められ、全世界のムスリムの団結による危機への対処をめざす近代のパン・イスラム主義の重要なシンボルの一つとなることを可能としたのであった。

「オスマン帝国」

このような政治体としてのオスマン朝を、ここではオスマン帝国と呼ぶこととする。ちなみに、オスマン帝国（オスマンル・イムパラトルルウ）の名称は、前近代のオスマン朝では自称としては用いられなかった。ただし西欧人は、早くから「オスマン帝国」の称も用いていた。これにあたるトルコ語のオスマンル・イムパラトルルウは、十九世紀に入り、西欧語から翻訳受容された称である。前近代のオスマン朝で、イムパラトルルクすなわちイムパラトール（皇帝）の支配する国の称は、ただ神聖ローマ皇帝の支配する神聖ローマ帝国、すなわちハプスブルク帝国についてのみ、稀に用いられた。

本書では「帝国」の称を、歴史的な呼称としてでなく、現代の目からみた分析的概念として、多様な人的要素と広大な領域を包摂する巨大政治体の意味で用いることとしよう。この語の使用によって、この政治体とネイション・ステイトとの対比をよりくっきりと浮きあがらせることが可能となろう。

2　オスマン帝国の形成

イスラム世界とビザンツ世界の接点アナトリア

後年、前近代のイスラム世界における最後のイスラム的世界帝国というべき存在となったオスマン帝国の淵源は、十三世紀末に当時のイスラム世界の西北の辺境アナトリアに現れたムスリム・トルコ系の小集団にある。

後にトルコ語でアナドルと呼ばれるようになったアナトリアの地は、ビザンツ帝国にとって、バルカンを西の翼とすれば、東の翼をなしてきた。そしてビザンツ帝国は、七世紀中葉からの「アラブの大征服」によってシリア、エジプトを失ったが、アナトリアは保ち続け、何次にもわたるアラブ・ムスリムの侵攻を退けてきた。

しかし、十一世紀前半に中央アジアからトルコ系遊牧民でイスラム化していたオグズ族がイラン高原に大挙して南下し建国したセルジューク朝が、十一世紀後半になってアナトリアに入り、一〇七一年のマラズィギルト（マンズィケルト）の戦いでビザンツ皇帝軍を破り、アナトリアに深く侵攻した。こうして、アナトリアはイスラム世界の西北の辺境となった。

一〇七七年、セルジューク王家の一員スレイマン・シャー・イブン・クトゥルムシュが本家から独立してアナトリアを拠点に、のちにルーム・セルジューク朝とよばれた王朝を樹立した。ルームは、ローマのアラビア語化された形がトルコ語に入ったもので、ローマ帝国の東半に由来するビザンツ帝国を、ローマ帝国と認識していたところに由来する。

ルーム・セルジューク朝は、短期間でアナトリアを席捲したが、イラン高原のセルジューク朝の一分派のエルサレム侵入とアナトリアのこの事態に対して一〇九六年に西欧世界で結成された第一次十字軍がまずアナトリアに来攻したため、一時、アナトリアの東方に押し戻された。しかし、十字軍の関心は聖地エルサレムとその周辺に向かい、ルーム・セルジューク朝は次第に力を回復して、アナトリアの多くを再征服し、十三世紀前半には今日のトルコの首都アンカラから地中海にむかい三分の二ほど南下したところにあるコンヤ（イコニウム）の街を首都に最盛期を迎えた。

この王朝の下で、アナトリアではイスラム的秩序の下でイスラム文化が浸透していくイスラム化の過程が進み、さらに東方からのムスリム・トルコ系の人々の流入と旧ビザンツ帝国臣民である旧来の住民の中でイスラムに改宗する者の出現によるムスリム化、そしてトルコ人の増大と、旧住民でムスリム化しさらにトルコ語を母語として受容する者の出現によるトルコ化が進んでいった。しかし一二四三年、モンゴル高原に興ったモンゴルの大征服の余波がこの地にも及ぶと、ルーム・セルジューク朝はアナトリアに侵入したモンゴル軍に敗れて属国化し衰えた。

その後も、アナトリアのイスラム化、ムスリム化、トルコ化は続いた。ただ、政治的には分裂の時代に入り、形骸化したルーム・セルジューク朝のかたわら、ベイと呼ばれる君侯を戴くムスリム・トルコ系の諸君侯国と、ガーズィー（聖戦の戦士）とよばれる戦士集団の割拠するところとなった。

フロンティアの国家形成

当時のイスラム世界の西北の辺境であり、群雄割拠の地となったアナトリアのさらに西北端、イスラム世界とビザンツ世界のせめぎ合う最辺境に、十三世紀末になるとオスマンという名の指導者に率いられたムスリム・トルコ系の小集団が出現した。これが、オスマン帝国の源流である。原初のオスマン集団の性格については、十五世紀後半に遡る古伝承ではトルコ系オグズ族の一部族カユ部族が起源とされ、後代の歴史家もこれに従ってきた。しかし、一九三〇年代にこれに異論が出され、すでに遊牧部族の絆を脱した、ムスリム・トルコ系のガーズィー集団を起源とすると説かれるようになった。同時代史料に乏しく断定は難しいが、おそらく後説が実相に近かったものと思われる。

いずれにせよ、オスマンの率いる戦士集団は、近隣のムスリム・トルコ系の諸君侯国とも抗争しつつ、辺境の利を生かし、アナトリア北西部に僅かに残るビザンツ帝国領の征服を進めた。そして、一三二四年に没したとみられる初代オスマンを継いだその子、第二代オルハンが一三二六年にマルマラ海にほど近くリギアのオリンポス山、すなわち今のウルダーの北麓にあるビザンツ都市ブルサを征服して、ここを最初の首都とした後、急速に君侯国化していった。

アナトリアからバルカンへ

十四世紀後半に入り、オルハンの子ムラト一世が第三代君主となると、他のムスリム・トルコ系諸君侯国と争いアナトリア征服を進めるとともに、かつてビザンツ帝国の西半をなし、今は文化世界としてはビザンツ世界に属するものの、諸勢力が分立していたバルカンに大々的に進出した。トルコ人たちがルメリすなわち「ローマ人の土地」と呼ぶバルカンの地の多くは、一三八九年にセルビアを中心とするバルカン連合軍とのコソヴォの戦いの最中に、ムラト一世が暗殺されるまでにはオスマン領となり、一君侯国からフロンティアの帝国というべき実体を確立するに至った。

このコソヴォの戦いも、オスマン軍の勝利に終わり、ムラトの後継者としてオスマン朝第四代となったバヤズィット一世の時代には、バルカンとアナトリアの大半も、一時、手中にした。だが、バヤズィットは、一四〇二年、アンカラの戦いで中央アジアの英雄ティムールに敗れて幽囚中に没し、オスマン帝国は分裂と消滅の危機にみまわれた。

辺境の帝国からイスラム的世界帝国へ

しかし一四一三年には、バヤズィットの子のオスマン朝第五代メフメット一世により一応の再統一が達成され、十五世紀前半に失地回復が進められた。そして、メフメット一世の孫で、一四五一年に最終的にオスマン朝第七代君主となったメフメット二世は、一四五三年にコンスタンティノポリスを征服して、僅かに命脈を保っていたビザンツ帝国を滅ぼし、かつてのビザンツ世界をほぼ包摂するのに成功した。

その孫のオスマン朝第九代セリム一世は、イラン高原のシーア派の新興サファヴィー朝の脅威に対し東方政策に重点をおき、まず一五一四年にはサファヴィー朝軍を大破してアナトリア東部の領土を拡げた。ついでセリムは、同じスンナ派ながら衰退期に入ったカイロのマムルーク朝を一五一六年から一七年の遠征で征服した。これにより、オスマン帝国は、当時のイスラム世界の政治的・文化的・社会経済的中心であったエジプトとシリアに加えてイスラムの二大聖地メッカとメディナを手中にし、イスラム世界のフロンティアの新興帝国から、スンナ派イスラムの世界帝国的存在と化した。そして、セリムの子でオスマン朝第十代のスレイマン一世の下で黄金時代を迎えることになる。

以後、オスマン帝国は、アナトリアとバルカンを中心に、北はクリミア半島、ウクライナ南部、ハンガリー、南はアラブ圏のうちアラビア半島の一部とモロッコを除く大部分を支配下におき、イスラム世界の超大国として君臨した。オスマン帝国は、十三世紀末の出現から一九二二年におけるその終焉に至るまで、六世紀余にわたり存続し、前近代イスラム世界の歴史のなかで、前半に五世紀余にわたって存続したアッバース朝と並ぶ、長命の帝国となった。

3　開かれた組織の帝国

強靱な支配組織

オスマン帝国が、辺境の小戦士集団から二世紀半たらずの間に、イスラム世界の世界帝国的存在となりえた最大の原因の一つは、永続的でかつ強靱な支配の組織を築きえたところに求められる。原初のオスマン集団は、比較的同質的なムスリム・トルコ系の戦士集団であった。しかし、第二代のオルハンの時代になると、イスラム世界でアッバース朝時代以来、発達してきた先進的な支配組織のモデルを、とりわけルーム・セルジューク朝とアナトリアの先進的諸君侯国経由で受容しつつ、次第に君主を中心とした君主専制的・中央集権的支配組織を創り出していった。そして十六世紀に入るとオスマン帝国は、当時としては非常に中央集権的・君主専制的な支配組織と、ムスリム・トルコ系を中心にした騎兵とともに、歩兵のイェニチェリ軍団を中心に十分に火砲をも装備した巨大な常備軍団を備えるに至った。

この瞬発力に富む強靱な支配組織は、広大な領土と多様極まる人的要素を秩序づけるとともに、外敵に対抗するべき外枠をなした。

外に開かれたシステム

この強靱な支配組織は、広大な領土からの税収とともに、「旧世界」の三大陸を結ぶ、異文化世界間交易の陸と海の大動脈の要を支配下におくことにより生ずる交易の利によっても支えられた。そして、この交易の利は、イスラム世界の伝統に即した、外に開かれたシステムを維持することによって保障されていた。前近代のオスマン帝国は、イスラム世界内の他の諸王朝に属するムスリムたちに対してのみならず、「戦争の家」に属する異教徒たちに対しても常に「開国」状態にあり、外に対する開放的状態の維持が、帝国の繁栄の重要な基礎をなしていた。この点、前近代のオスマン帝国の対外関係のあり方は、同時代の東アジア世界の諸政治体の対外的閉鎖性への志向とは鮮やかな対照をなしていた。

「オスマンの衝撃」の主体

オスマン帝国は、西隣の異文化世界の西欧キリスト教世界にとって、十五世紀後半から十六世紀末に至るまで、「オスマンの衝撃」の主体であった。特に十六世紀における西欧世界に対する「オスマンの衝撃」の影響は深甚であった。オスマン帝国の攻勢は、当時西欧世界において進行中の宗教改革にも間接的に大きな影響を及ぼし、カトリックの擁護者たるハプスブルク家の神聖ローマ皇帝を脅かし、幼弱だったプロテスタント勢力が政治的立場を固めるうえで大きな役割をはたした。このことは同時に、時のハプスブルク家の神聖ローマ皇帝カール五世の、西欧世界にカトリック的世界帝国を築こうとする試みの挫折の一つの重要な原因となった。

また、「トルコの脅威」としての「オスマンの衝撃」は、少なくともハプスブルク帝国においては、これに対抗するための臨時税としての「トルコ税」の創設と、皇帝によるその一円徴税権の獲得を通じて、中世封建体制から絶対王政への移行と、そして領域的主権国家への道程の促進剤ともなったのであった。

第八章　「パクス・オトマニカ」の構造

1　多様性の帝国

パクス・オトマニカ

十六世紀以降、オスマン帝国の領域はイスラム世界、かつてのビザンツ世界、そして西欧キリスト教世界の三つの文化世界にまたがり、多種多様な地域と、多種多様な人々を包含していた。とりわけ人的要素の多様性の幅は、西欧キリスト教世界内のそれをはるかにこえていた。その意味でオスマン帝国は、まさに多様性の帝国であった。

それにもかかわらず、この多様極まる人間諸集団は、何世紀にもわたり、ある程度、安定した共存の秩序の下にあった。これを、歴史家アーノルド・トインビーにならい、「パクス・ロマーナ（ローマの平和）」ならぬ「パクス・オトマニカ（オスマンの平和）」と呼ぶこともできよう。パクス・オトマニカの下にあっても、抑圧と差別も、敵対と紛争も存在していた。しかし、今日、激烈極まる民族紛争・宗教紛争の頻発している中東・バルカンを中心とする地域も、前近代のオスマン帝国の支配下にあっては、より静穏であった。

パクス・オトマニカを支えた一つの要因は、確かに強靱なオスマン帝国の支配の組織であった。そのことは、とりわけ近代のナショナリズムの影響下で、バルカンと中東の諸民族のなかで、「トルコの圧制」の神話を生み出した。しかし、パクス・オトマニカの成立をオスマン帝国の力の支配にのみ求めることは、歴史的現実を無視することになろう。これを支えたいま一つの要因にも、注意を払う必要がある。それは、異質な諸要素を緩やかに包み込む統合と共存のシステムであった。このシステムの弛緩と崩壊によってこそ、近代の中東・バルカンにおける民族紛争・宗教紛争のパンドラの函が開かれたとさえいえる。

それでは、パクス・オトマニカの中に包みこまれていた多様性の実質はいかなるものであり、パクス・オトマニカはいかなるシステムによって支えられていたのであろうか。

地域的多様性

オスマン帝国の支配領域は、かつてのビザンツ世界を中核に、イスラム世界と、そして部分的ながら西欧キリスト教世界にまで拡がり、三つの文化世界にまたがっていた。文化的にも多様なこの広大な空間は、古くからの歴史をもつ多様な地域からなった。地中海性気候帯を中心としつつ、その背景にステップ気候帯、砂漠気候帯が拡がり、さらにアナトリア内陸部は亜寒帯湿潤気候帯、ドナウ川流域は西岸海洋性気候帯にも拡がるヴァラエティーに富む自然地理的環境とその上に成立する生態的環境があった。

オスマン帝国の広大な領域は、自然地理的及び生態的環境からなる自然的環境のうえで多様であるのみならず、歴史的過去に基づくいくつもの文化的な地域を包含していた。旧ビザンツ世界は、アナトリア（アナドル）とバルカン（ルメリ）の東西の二大地域に分かれ、さらにその下にいくつものサブ地域が存在していた。オスマン帝国の領域内で古くからイスラム世界に属してきた地域は、十一世紀末以降に包摂されたかつてのビザンツ世界東半のアナトリアと、イスラム世界形成期以来のアラビア半島の一部とモロッコを除くアラブ圏を含んでいた。そしてそれ自体、いくつかの歴史的地域に分かたれた。

オスマン帝国の領域に属するアラビア半島は、内陸のネジドと紅海岸のヒジャーズと半島東南部で比較的降雨にめぐまれたイエメンの三地域からなっていた。さらに東から西へと、イラク、今日のシリア、レバノン、ヨルダン、パレスティナを包摂する歴史的シリア、エジプト、そして西南のテュニス、アルジェリア（ジェザーイリ・ガルブ）等を含んでいた。これらの諸地域は、かつて必ずしもその地域に立脚する政治体を有してきたわけではなかったが、古くからの伝統を有し、オスマン帝国はその多様性に即し、緩やかに支配していた。

まず広大な支配領域は、帝国の直轄領と属国に分かたれた。永続的な属国としては、クリミア半島のムスリム系のクリム汗国、今日のルーマニアにほぼあたる正教系のワラキア（エフラク）とモルダヴィア（ボーダン）の二君侯国、そしてハンガリー東北部のカトリックとプロテスタントからなるトランシルヴァニア（エルデル）君侯国、アドリア海東岸にあり住民はスラヴ系だが宗教的にはカトリック系のドゥブロヴニク（ラグーザ）共和国などがあった。これらの属国は、オスマン帝国の宗主権下に一定の義務をおわされつつ、おおむね自治を認められ緩やかに支配されていた。

帝国の直轄領は多数の州に分かたれ、原則として帝国中央により州の総督が任命されていた。ただ、アラブ圏については、その北東部にあってアナトリアに近接するイラクと歴史的シリアを除き、現地の体制の上にオスマン支配がのる形をとった。

帝国の中核をなすアナトリアとバルカンとこれに近接する諸地域については、さらに県がおかれ、県知事が中央から任命され、より統一的な支配が行われた。しかし、その場合も、通例、征服直後は征服前の現地の慣行を大幅にとり入れて租税関係を中心にその地方の法令集を編み、その後、法令を古くからの帝国の領域のそれに徐々に統一していった。これに加えて、古くからの帝国支配下の諸地域の法令も、ある程度の地域性を残した形をとっていた。このようにして、前近代のオスマン帝国では、君主の一円的支配権を前提としながらも、地域的多様性に応じて属国と直轄領に分かたれ、直轄領においても地域的特性にみあった形で緩やかな支配体制がしかれていた。

宗教と宗派

自然地理的環境においても生態的環境においても多様な地域からなるオスマン帝国は、さらに多様な歴史的過去と文化的伝統をもつ地域からなっていた。そのことは、とりわけ宗教・宗派と言語・民族の分布に現われていた。

帝国の南半をなすアラブ圏においては、長いイスラム化の過程の末、大部分の地域で人口の圧倒的多数はムスリムであった。イスラムの宗派としても、オスマン帝国の支配イデオロギーであるスンナ派が大多数を占めていた。しかし、シーア派もみられ、とりわけイラク南部では多数のシーア派が存在した。歴史的シリア中、今日のレバノンにあたる地域には、シーア派の特殊な派生宗派であるドルーズ派がかなり多数存在していた。

ムスリムが大多数をなすアラブ圏のオスマン領においても、様々の宗派に属するキリスト教徒とユダヤ教徒が散在し、エジプトにはローマ時代以来の伝統をつぐコプト教徒が、レバノン近辺には比較的多数のマロン派がいた。歴史的シリアの北部からイラク北部にかけては、ネストリウス派も細々ながら存続していた。さらに、東方キリスト教の諸宗派も、正教、アルメニア教会派、カトリック等のキリスト教徒も散在していた。

そして、各地にユダヤ教徒が少数ながら散在し、パレスティナでもムスリムに比すればごく少数ながらユダヤ教徒が共存していた。

オスマン帝国の発祥の地であり、その根拠地ともいうべきアナトリア（アナドル）では、十一世紀末以来のイスラム化とムスリム化の末に、ムスリム人口が過半以上を占めてはいたが、かなりの数のビザンツ以来のギリシア正教徒、そしてアルメニア教会派が住んでおり、さらにキリスト教の諸宗派もみられた。

これに加え、ビザンツ時代以来のユダヤ教徒が主に都市に散在し、十五世紀末以後は、レコンキスタによりムスリムにとって代わったキリスト教徒の宗教的迫害の強まったイベリアから難民として逃れたユダヤ教徒たちもかなり大量に流入し、温かく迎えられていた。

かつてのビザンツ世界の西半で、十四世紀後半から十五世紀中葉にかけてオスマンの征服によりイスラム世界に包摂されたバルカンでは、アナトリアからの流入と現地での改宗により、ムスリムも増えつつあったが、人口の過半以上はキリスト教徒であった。ムスリムとしては、オスマン朝の征服に伴いアナトリアから入ったトルコ系ムスリムに加え、セルボ・クロアティア語を保ちつつムスリムに改宗したボスニアのムスリムと、アルバニア人のムスリムが顕著な存在だった。バルカンのキリスト教徒の圧倒的多数は、正教徒であった。しかしカトリックも存在しアドリア海岸のクロアティアでは多数を占めていた。

十六世紀前半にオスマン帝国に新たに征服されたハンガリーは、元来は西欧カトリック世界の東南端をなし、カトリックからなっていた。しかし、宗教改革とともにプロテスタントとなった者も多く、ちょうどオスマン帝国がハンガリーを征服した一五二六年頃は、カトリック勢力とプロテスタント勢力の紛争の始まった時期であった。オスマン帝国はこの状況下で人口の多数をなすカトリック教徒も容認したが、プロテスタント系を厚遇した。ハプスブルク支配下におかれ続けたボヘミアでは、フス派の故郷で宗教改革運動の原点であったにもかかわらず、プロテスタントがほぼ消滅したのに対し、ハンガリーでは、オスマン帝国の庇護の下にプロテスタントもある程度存続することとなった。

こうして、中世以降の西欧世界が、ほとんどキリスト教一色、それもカトリックの世界となり、異教徒としては、わずかに主に都市部で少数のユダヤ教徒が許容されていたのに対し、オスマン帝国は、イスラムの大枠の下ながら、宗教的にはるかに多様な人々の共存を許容していた。

民族と言語

オスマン帝国は宗教にもまして、言語と民族において一層、多様であった。オスマン時代、通例は言語に基づく文化的アイデンティティをもつエスニック・グループ、ないしは民族が既に存在し、同時代のオスマン朝人士は、これを通例、ジンスと呼んだ。

このような意味での「民族」のなかで、オスマン帝国の君主とその草創期の主要な担い手はトルコ語を母語とするトルコ人（テュルク）であり、圧倒的多数は宗教上はイスラム教徒であった。ただ、このトルコ語を母語とし、自らをテュルクと意識する者には、様々のレヴェルで従来の母語に代えてトルコ語を受容する者がたえず生じ、着実に増加していった。このように、「トルコ人」は、主にアナトリアを中心に帝国の東北半に多く分布していた。

同祖でない者の混入が比較的容易であったことは、オスマン時代における「民族」観念は、生物学的なものでなく、著しく文化的なものであったことを示している。

帝国の南半を占め、古くからイスラム世界の中核地域であったイラクからアルジェリアにまで至る地域に住む者の圧倒的多数は、アラビア語を母語とし、自らをアラブ人と意識する人々であった。しかし、北イラクから北シリアにかけてはシリア語を母語とし、ネストリウス派を奉ずるアッシリア人が少数ながら存在した。また西方のマグリブ地域にはベルベル語を母語とし、自らをベルベル人と意識する人々が存在した。エジプトにあっては、既にコプト語を宗教的典礼の言語としてのみ保ち、母語としてはアラビア語を用いるようになっていたコプト教徒は、その民族的アイデンティティにおいては、境界的存在であった。

アナトリアの東部から北イラク、北シリアにかけては、印欧語系で古代ペルシア語から枝わかれしたクルド語を母語とするクルド人が広く分布していたが、このクルド人は、宗教的にはスンナ派のイスラムに属していた。

帝国の北半をなす、かつてのビザンツ世界に属したアナトリアとバルカンには、ビザンツ帝国の主要言語たるギリシア語を母語とし、正教を奉ずるギリシア人が、各所に散在するとともに、今日のギリシア国家の領域となったあたりには、密集して分布していた。アナトリアの東部と、そして各地の大都市には、印欧語系のアルメニア語を母語とし、アルメニア教会に属するアルメニア人が、相当数住んでいた。

バルカン（ルメリ）に入ると、言語と民族の分布はさらに複雑だった。全体に、オスマン帝国の支配とともに入ったムスリムのトルコ人が散在し、これに加えて今日のルーマニアにあたる地域には、既にビザンツ時代にこの地に入り、トルコ語を母語とするが、正教を奉ずるペチェネク人などがいた。

バルカンの東北部には、スラヴ系のブルガリア語を母語とし、正教を奉ずるブルガリア人が住んでいたが、ブルガリア人としての意識を有するブルガールと呼ばれる人々の原初の中核的部分は、本来はヴォルガ川中流域から来ったトルコ系遊牧民で、正教化し周囲のスラヴ人と同化してウラル・アルタイ系の母語を失い、名のみ残ったのである。

バルカンの西北部には、今日、セルボ・クロアティア語の名をもって呼ばれる印欧語系の南スラヴ語を母語とする人々が住んでいたが、そのうち正教徒にとどまった者はセルビア人と意識していた。これに対し、アドリア海岸でカトリックとなった人々は、クロアティア人と意識していた。母語は保ちつつムスリムとなった人々はボスニア北部に多く、セルビア人やクロアティア人はトゥルチン（トルコ人）と呼び、自らは独自の民族的アイデンティティをもたず、宗教的にムスリムとしてのアイデンティティをもつにとどまった。オスマン人士は、この人々も含めボスニア地方に住む人々を総称してボスニア人（ボシュナク）と呼んだが、これはムスリムのみならずキリスト教徒をも含んでいた。

バルカンの西北部では、母語がほぼ同じ言語であるが宗教の異なるグループが独自のエスニック・グループをなすに至ったが、その南隣にいた、古い印欧語の一つであるアルバニア語を母語とする人々の場合は、アルバニア人としての民族的アイデンティティをもち、その大部分は十五世紀中にムスリムとなった。しかし、一部にはアルバニア人アイデンティティを保ちつつ、正教徒やカトリックにとどまった者もあった。

さらにバルカンの南部を中心に、ビザンツ帝国の支配民族であったギリシア語を母語とし正教を奉ずるギリシア人が多数存在していた。ただバルカンとアナトリアも含め、前近代において正教徒のギリシア人は、自らをギリシア人としてより、むしろ正教徒そしてロメイ(ローマ人)として意識していた。ビザンツ人にとって、彼らの帝国はローマ帝国そのものであった名残であった。

さらに、ハンガリーが支配下に加わると、フィン・ウゴル語系のハンガリー語を母語とし、カトリックを中心にプロテスタントも含むハンガリー人が加わった。

一方、母語は異にしながら、同じユダヤ教を奉ずることで統一的アイデンティティをもつ集団が帝国全域に存在していた。この人々の間では、ヘブライ語は既に典礼と学問のみの言語となり日常語としては死語と化し、帝国の南半では主としてアラビア語を母語としていた。北半では、ビザンツ帝国時代から土着してきた人々は、当初ギリシア語を母語としていた。また十五世紀末からは、イベリアのユダヤ教徒が難民として流入した。この人々は、今日のスペイン語の源となる言語をベースとするユダヤ教徒特有の言語ラディーノを母語としていた。ハンガリーが征服されると、ドイツ語をベースとするイディッシュを母語とするユダヤ教徒が加わった。この集団は、母語を様々にしながらも宗教を共有することで一体的アイデンティティを有したが、ムスリム側はこれを民族としてより、何よりも宗教集団としてのユダヤ教徒（ヤフディー）としてとらえており、この集団の自己意識も宗教集団と民族集団の境界領域に属していた。

2　統合と共存の基軸としての宗教

宗教的アイデンティティの優位

オスマン帝国は、上にみたように、多種多様な宗教と言語と民族に属する人々を包摂していた。宗教と言語と民族を異にする人々は、多くの場合、分布に地域的濃淡を示しながらも、かなりの程度に入り混じって分布し、ときには一地域、一都市、さらには一街区、一村落内でも混在する例さえみられた。その意味でオスマン帝国は、まさに宗教と言語と民族を異にする様々の人間集団のモザイク構造をなしていた。

しかし、このモザイクの一片一片をなす人々は、前近代においては、主として言語に基づく民族意識をもちながら、濃淡にちがいはあるが、そのアイデンティティの最大の根源を宗教においていた。そして、それに加えて出身地、家族、職業に基づくアイデンティティをもち、重層的で複合的なアイデンティティ構造を有していた。

ミレット制度は実在したか?

このオスマン帝国を構成する多様極まる諸人間集団の統合と共存のシステムは、しばしばミレット制度の形をとったと主張されてきた。この主張によれば、オスマン帝国の臣民のうち、非ムスリムの臣民は、その宗教・宗派に応じてミレットと呼ばれる宗教共同体に所属していた。

ミレットには、ギリシア正教徒、アルメニア教会派、ユダヤ教徒の三種のミレットがあったとされた。各々のミレットにはミレット・バシュ(宗教共同体の長)が定められ、正教会ではイスタンブルの総主教が、アルメニア教会ではイスタンブルの総主教が、そしてユダヤ教会ではイスタンブルのハハム・バシュ(ユダヤ教会長)が、各々のミレットのミレット・バシュに任ぜられたとされる。各々のミレットに属する者は、貢納の義務を果たすかわりに、ミレット・バシュの下に固有の信仰と法と生活慣習を守りつつ、自治生活を営むことが許されていたとされる。そして、このようなミレット制度は、オスマン帝国に特有の異教徒処遇の制度であると主張されてきた。

しかし、近年の研究により、前近代のオスマン帝国で書かれた史料のなかで、従来主張されてきたような意味でのミレットの語の用例を見出すことは困難であることがわかってきた。そして、ミレットの語が用いられている場合は、この語の語源であるアラビア語のミッラの語の原義である「宗教、宗教共同体」の意味で用いられていることが、明らかとなった。従来の通説では、オスマン帝国固有の制度としてのミレット制度なるものが創られたのは十五世紀後半とされる。しかし、十五世紀後半から十六世紀にかけて著わされた歴史書にも、法令集成にも、このような意味でのミレット制度についての記述は見あたらず、このような意味でのミレットの語の用例も見出すことができないのである。

それゆえ、帝国内の非ムスリムの処遇の制度としてのミレット制度なるものは、歴史的事実としては実在せず、後に、おそらく十九世紀に入り成立した制度をふまえ、これを過去に投影してオスマン帝国に固有の制度としてのミレット制度像が成立したものと考えられるのである。

宗教に基づく統合と共存のシステム

このように、前近代のオスマン帝国における多様極まる人間集団の統合と共存は、オスマン帝国の固有の制度としてのミレット制度に基づいていたとはいえない。しかし、その統合と共存のシステムの基軸が、宗教におかれていたのもまた事実であった。

前近代のオスマン帝国の歴史的現実にたち戻って、その統合と共存のシステムはいかなるものであったかを考えると、それは、オスマン帝国固有の制度によったものではなく、むしろイスラムの聖法シャリーアに基づきイスラム世界で広く行われた非ムスリムの処遇制度であるズィンミー制度に基づいていたのであった。

ズィンミー制度とは、既に第六章でふれたように、唯一神とその啓示の書をもつキリスト教徒やユダヤ教徒のような一神教徒である「啓典の民」がムスリムの支配下に入るに際し、ムスリム共同体との契約によって、特別の保護（ズィンマ）を与えられて被保護民（ズィンミー）として特別の貢納の義務を負い一定の行動制限を受け容れるかわりに、シャリーアの大枠に反しない範囲内で、固有の信仰と法と生活慣習を守りつつ自治生活を営むことが許される制度である。

実際、十五世紀から十六世紀にかけてつくられた多数の法令集成にも、ズィンミー、あるいはズィンミーの支払うべき貢納の一つであるハラージュにちなむ「ハラージュ貢納者（ハラチュギュザル）」の語が、頻繁に現われる。こうして、前近代のオスマン帝国ではムスリムのみならず、ズィンミー制度の下で非ムスリムの諸宗教・諸宗派に属する人々も、各々の固有の信仰と法の下で、共存しうるシステムが存在していた。確かにそれは、ムスリムの優位下の不平等の下の共存ないし許容であった。しかし、様々の差別の存在が前提となって成立している前近代の社会のあり方の中で、このシステムは環境にかなり適合しており、実際に共存が一定程度、実現されていたのであった。

イスラムの大枠の下に多種多様な宗教を包み込むオスマン帝国は、決して絶えざる宗教紛争のるつぼなどではなかった。むしろ、同時代の西欧世界に比すれば、はるかに広汎な宗教的多様性が許容されていたといえる。そして、人々のアイデンティティの根源が第一義的には宗教に由来し、統合と共存のシステムもまた宗教を基軸としている状況の下で、言語と民族への帰属意識は、第二義的なものにとどまり、ときにエスニックな意識に基づく緊張と紛争もなかったわけではないが、前近代のオスマン帝国は、決して民族紛争のるつぼではなかった。むしろ多種多様な言語と民族に属する人々が、互いに入り組んだモザイクのように分布しながら、一応の共存を実現していたのであった。

3　パクス・オトマニカの現実

民族を超えたエリートの周流

エスニックなアイデンティティを超えた政治体としてのオスマン帝国の特質は、その支配エリートの構成にも端的に現われていた。確かに、帝国の真の頂点をなす君主たるスルタンは、トルコ系の系統をもつオスマン家出身者が占めていた。しかし、君主の母親の多くは非トルコ系の出身であった。初代オスマンの母親は不明であるが、以後、第二代オルハンと第六代ムラト二世を除き、すべて非トルコ系で、しかもムスリムとなった者がほとんどとはいえ、大半は異教徒出身者であった。スルタンの次に位し、支配組織の事実上の頂点となっていった大宰相（ヴェズィラザム）も前近代、とりわけ十五世紀後半から十七世紀前半までの大宰相の多くは、非トルコ系の出自の者であった。しかも、その多くは非ムスリム出身で、スルタンの奴隷となりムスリムとなった者たちであった。

確かに、オスマン家のトルコ系の系譜は尊重された。しかし、非トルコ系の非ムスリム出身でムスリム・トルコ化したエリートたちの子孫はトルコ語を母語とし、ムスリム・トルコ系の集団にスムーズに受け容れられた。例えば、十七世紀後半に政治改革を断行し、以後、大宰相、宰相が輩出したキョプリュリュ家の祖キョプリュリュ・メフメット・パシャはアルバニア人であった。その末裔メフメット・フゥアト・キョプリュリュは、近代トルコにおけるトルコ学の開祖の一人となり近代トルコ民族主義の学問的基礎づけを行った学者となった。そして、キョプリュリュ家が元来はアルバニア系であることを知りながら、トルコの人々は彼を「トルコ人の大学者」として尊敬したのである。

オスマン帝国のエリートたちは、自らをなによりもムスリムとして、ついでオスマン家に仕える者（オスマンル）として意識したのであり、帝国中央のエリートたるためには、更にオスマン的な作法をわきまえ、トルコ語を解することを要したが、エスニックにトルコ人たることは前提条件ではなかった。ここに、前近代のオスマン帝国が非エスニックな基礎にたつ帝国、イスラム帝国であったことからくる、一つの特色が現われている。

「国語」のない国

前近代のオスマン帝国の君主たちの日常語はトルコ語であり、ムスリム・トルコ系臣民の母語もまたトルコ語であった。当然、帝国中央の最高政策決定機関たる「御前会議」もトルコ語で行われ、重要な公文書の多くもトルコ語で書かれた。しかし、トルコ語は決して帝国の「国語」ではなく、唯一の公用語でさえなかった。トルコ語は、最も重要な公用語にすぎなかった。

ただ、文字としては、トルコ語も、アラビア文字で記された。今日、オスマン語と称するのがそれである。文明語・文化語としてはイスラムの聖典の言葉であるアラビア語と、文学の言語であるペルシア語が尊重された。その意味で、オスマン帝国も、イスラム世界北半の二つの文明語・文化語をもつ世界の一部であった。アラビア語・ペルシア語・トルコ語の「三言語に通じている」とは文人学者に対する最大のほめ言葉であった。対内的な公文書についても、トルコ語のみではなく、宗教寄進文書などは、しばしばアラビア語で書かれた。行政文書も時にペルシア語で書かれた。さらにスルタンの勅令なども、ギリシア正教徒に対してはときにギリシア文字を用いギリシア語で、アルメニア教会派にはアルメニア文字を用いてアルメニア語で書かれさえした。

ムスリムでも、アラブ・ムスリムが大多数を占めた地域では、日常生活においてはもとよりのこと、公文書類の多くにもアラビア語が用いられた。さらに正教徒、アルメニア教会派等の非ムスリムは、各々の文字と言語を日常生活でのみならず公行政で用いていた。

オスマン帝国は、イスラムの枠の下における多宗教・多民族国家たる政治体であるとともに、ムスリムにとっての古典語であるアラビア語とペルシア語と、そして君主の母語たるトルコ語の優位の下における多言語国家であった。またそれは、アラビア文字が支配的位置を占めつつ、様々の文字の共存する世界であった。宗教・民族と同時に、様々の言語と文字も、イスラム優位下の不平等の下に、一定の秩序のなかで共存していたといえる。

教育と出版の許容

オスマン帝国の多様性の源泉としての統合と共存システムは、知識の伝授と普及の手段にも反映されていた。一方で「国民」育成の、他方で「民族」育成の最大の手段として公教育の一元的統制をめざす傾向の強い近代的ネイション・ステイトとも、また、文字と文語を統合の最大の手段とした中国のような漢字圏の政治体とも異なり、オスマン帝国では、教育においても多様性を許容していた。

トルコ系ムスリムの場合、イスラムの諸学は、イスラム世界における伝統的高等教育機関たるマドラサ（イスラム学院）を範にとったメドレセで伝授され、シャリーアの学を中心とするイスラム法学者（ウレマー）を生み出した。庶民の中でも余裕のある家の子弟は、おおむねモスクに付属する寺子屋（メクテプ）に通い、アラビア語の『コーラン』を素読し、アラビア文字の読み書きを学んだ。帝国の南半をなすアラブ圏ではオスマン支配以前の伝統をうけつぐアラビア語のみで、マドラサではイスラム諸学が、マクタバ（寺子屋）ではアラビア語の読み書きが伝授された。

宮廷では、異民族の非ムスリム出身でイスラムに改宗した宮廷奴隷たちが、小姓として奉仕しつつトルコ語とアラビア語を学び、ついでイスラムや世俗の諸学を武芸とともに学び、ムスリム・トルコ化していった。

ギリシア正教徒や、アルメニア教会派のようなキリスト教徒も、またユダヤ教徒も、教育施設をもつことを許され、各々の言語と文字を用いて教育を行うことが許容され、一方で宗教関係者が、他方で俗人が教育されていた。

ここでもシャリーアが大枠を定め、その限界内においてではあるが、イスラム優位下ながら多種多様な文字と言語と知識体系の共存が保障されていた。

さらに興味深いのは、知識の普及に大きな意味をもつ出版のあり方であった。オスマン帝国の支配層の人々は、グーテンベルクが活版印刷術を発明して半世紀もたたない一四九三年には、既に活版印刷術の存在を知っていた。この年、レコンキスタ後のイベリアから難民として亡命したユダヤ教徒が、活版印刷機を携えてきたのである。

彼らは、スルタンに印刷所開設を願い、勅許をえて、ヘブライ文字を用いた出版活動を開始した。一五六二年にはアルメニア人がアルメニア文字を用いた活版印刷所を開設し、一六二七年にはギリシア正教徒がギリシア文字を用いた活版印刷所を開くことを許された。こうして、帝国内の非ムスリムの集団が活版印刷所を開き、自らの文字と言語を用い、自らの知識体系の一端を普及することが許容され、その活動は次第に活発化していった。

奇妙なのは、支配的宗教集団たるムスリム自身は、最も遅れて十八世紀になって初めて活版印刷所を開いたことである。すでに非ムスリムの活版印刷所は活発に活動し、十七世紀中葉の歴史家イブラヒム・ペチュヴィーがトルコ語で著わしたオスマン帝国の年代記『ペチュヴィー史』のなかで、グーテンベルクとその発明にかかる活版印刷術の便利さを紹介していたのだから、少なくとも一部の識者は活版印刷術の存在を知っていた。しかし、おそらくは、異教徒によって発明された技術で神聖な『コーラン』が記された文字たるアラビア文字を用いて印刷することへの抵抗感と、イスラム学院の学生の多くが写字生としての収入を生活の為の足しとしていた事情と、手で書かれた写本への愛着などから、活版印刷所を彼らはなかなか受容しようとしなかったのであろう。

一七二七年になり、ようやくイスラム世界においてムスリムが経営しアラビア文字を用いる最初の活版印刷所が、勅許をえてイスタンブルに設立された。そしてそこでは、『コーラン』はもとよりイスラム諸学の書物を除く、世俗の諸学についての書物の印刷のみが許されたのであった。

ユダヤ教徒の安住の地

先に活版印刷所の伝来におけるイベリアからのユダヤ教徒の役割についてふれたが、現代の一部の人々の、パレスティナ地域をめぐる同じ一神教のイスラムとユダヤ教の宿命の対立という固定観念は、歴史的現実に照応しない。むしろイスラム世界におけるユダヤ教徒の立場は、中世から初期近代の西欧キリスト教世界におけるそれより、安定していた。

オスマン帝国は、十五世紀末から十六世紀にかけて、ユダヤ教徒の安住の地であった。とりわけ一四九二年にレコンキスタが完了し十字軍的情熱がさめやらず、十六世紀初頭に入ると反宗教改革の嵐のなかで異端審問も厳格化したイベリアからは、ムスリム支配時代に共存を享受していた多数のユダヤ教徒が難民となって流出した。その受け入れ先は西欧キリスト教世界内ではフランドルなどであり、いま一つはイスラム世界であった。

イスラム世界の中では、イベリアのユダヤ教徒は一部が対岸のモロッコに移り、一部がオスマン帝国へと亡命した。オスマン帝国側も、イベリアのユダヤ教徒たちのもつ新技術とネットワークにも着目してこれを歓迎した。こうして同時代のユダヤ教徒の指導者たちのなかには、オスマン帝国こそ安住の地として同胞に推奨する者もあった。

実際、オスマン帝国に亡命したイベリアのユダヤ教徒難民たちは、安定した共存システムをもつ安住の地を見出した。時にユダヤ教徒に対する暴動もあったが、西欧キリスト教世界においては中世後期以来、しばしば生じたユダヤ教徒の大量虐殺も、また西欧世界の一部におけるユダヤ教徒居住地としてのゲットーのような厳しい隔離もみられず、おおむね安全と不平等の下ながら共存を享受した。そしてその不平等も、あくまで宗教上のムスリムと非ムスリムの不平等であり、近代西欧におけるような宗教的不平等の民族的、さらに人種的不平等への転化は、オスマン帝国においては全くみられなかった。

ユダヤ教徒であっても、イスラムに改宗し、トルコ語を母語として受け入れ、完全にムスリム・トルコ化した後、世代を経れば、比較的容易にムスリム・トルコ系臣民の中に溶け込んでいくことが可能であった。こうしてディアスポラ（流離の民）としてのユダヤ教徒は、前近代オスマン帝国に安住の地をみいだした。人種論的なユダヤ人論が明確な形でこの地で登場するのは、近代西欧の影響が浸透した二十世紀に入ってからのことである。

「プロテスタントの天国」

前近代のオスマン帝国は、ユダヤ教徒にとってのみならず、キリスト教徒の中で当初、不安定な立場にあったプロテスタントにとっても格好の避難所となった。オスマン帝国第十代君主スレイマン大帝は一五二六年に、かつては西欧キリスト教世界の東南の雄であったハンガリーに入り、ハンガリー支配をめぐって当時の西欧最強の政治体、ハプスブルク帝国と抗争しつつ、まもなく西北端を除くハンガリーの大半を支配下に収めた。

当時、ハンガリーでは、旧来からのカトリック教徒に加え、新たにプロテスタント勢力が生じつつあった。カトリックの守護者をもって任ずるハプスブルク勢力と対立するハンガリーのプロテスタント勢力は、オスマン帝国の庇護下に定着することをえた。そしてハンガリーは、カトリック的キリスト教帝国としてのハプスブルク帝国に対し、イスラム帝国としてのオスマン帝国の支配下で、「プロテスタントの天国」と化した。その歴史的影響の大きさは、宗教改革の先駆の地でありながらハプスブルク支配下でプロテスタントがほとんど消滅したボヘミアと、一六九九年以降、ハプスブルク支配下に入ったものの、プロテスタントが存続し続けたハンガリーとを比較すれば明らかであろう。

正教会におけるギリシア人の優位

オスマン帝国の領域の中核というべきアナトリアとバルカンのかつての主《あるじ》、ビザンツ帝国の主要な担い手であった、正教を奉じギリシア語を母語とする人々は、後にギリシア人としての民族意識に「覚醒」し、民族主義としてのナショナリズム運動のさきがけとなり、オスマン帝国内におけるネイション・ステイト形成にむけての独立運動の先駆となった。そして民族主義としてのナショナリズム形成運動の中で、「トルコ人の圧制」のイメージをふくらませていった。

しかし、前近代のオスマン帝国時代、正教を奉じギリシア語を母語とする人々は、ムスリムとの関係では確かに不平等の下に共存を許容された存在であったが、バルカンとアナトリアの正教徒との関係においては、他の言語を母語とする正教徒たちに対して優越的地位にたっていた。そもそもビザンツ帝国時代以来、正教を奉じギリシア語を母語とする人々は、自らを「ギリシア人」としてではなく、なによりも正教徒として、そして「ローマ人（ロメイ）」として意識していた。そこには異教時代の古代ギリシア人との「民族的」連続性の意識など、存在していなかった。

ビザンツ帝国は東ローマ帝国の後身で、西ローマ帝国滅亡後は、インペリウムとしてのローマ帝国の唯一の正統の継承者であった。もちろん、ここで便宜上用いているビザンツ帝国という名称は、十九世紀のドイツの研究者が創作した新名称にすぎない。今日のいわゆるビザンツ帝国がローマ帝国たることは、勃興したアラブ・ムスリムもよく認識しており、アラビア語には母音として「オ」音がないため、「ルーム」となまって呼んだ。この語はペルシア語にも受容されて、ビザンツ帝国、その領土となっている土地、それに属する人々をさす語となり、さらにトルコ語にも移転した。オスマン帝国のムスリム・トルコ系の人々も、ビザンツ帝国とその国土であった土地、そしてその臣民をいずれもルームと呼んだ。逆に、オスマン朝がビザンツ帝国領を包摂して成立したため、アラブ人やイラン人は、オスマン朝の国土と人間を呼ぶときに、ルームの称を用いた。

ここでオスマン帝国のムスリム・トルコ系の人々が人間をルームというとき、それは「ローマ人」よりむしろ「正教徒」を意味した。こうして、人をさすとき、ルームの語は、広義では正教徒一般、狭義ではギリシア語を母語とする正教徒を意味した。

オスマン帝国では、正教徒の支配にあたってはイスタンブルの総主教をその長として、教会組織を通じて管理した。正教会は、政治行政司法が皇帝に属していたビザンツ時代より広汎な権力を与えられ、宗教のみならず、正教徒の裁判をも司った。司法を任ぜられた正教会の聖職者たちは、ビザンツ帝国時代のローマ法を用いて裁判せねばならなくなり、にわか勉強でローマ法学を学ぶために法学教科書がつくられたという。

こうして、様々のエスニック・グループを含む正教徒全体の管理を委ねられた、イスタンブル総主教を頂点とする正教会の中枢は、ギリシア語を母語とする正教徒、すなわち狭義のルーム、つまりギリシア人がほぼ独占していた。このため、オスマン帝国下においても、ビザンツ時代と同様、正教徒の中で「ギリシア人」が優位を占めた。さらに「ギリシア人」たちは、正教徒たちに宗教語・文化語としてギリシア語の使用を求めつつ、非ギリシア系正教徒の文化的なギリシア化をはかった。

ギリシア化の一環として、ギリシア語以外の言語を母語とする人々の独自の言語による宗教上の著作等の統制さえ試みられた。そのなかで、ブルガリア語の典礼書は破却された。また、多くはムスリムとなったアルバニア人のなかで正教会にとどまった者が十八世紀にアルバニア語で教育し、アルバニア語で出版することを試みたとき、オスマン当局に働きかけて、これを禁止させさえした。主に宗教に立脚し言語と民族を超えたオスマン体制の下での言語と民族をめぐる政治的相剋は、むしろ非ムスリムの同信者の中に現われた。同じく正教徒ながら母語を異にし、十四世紀に強大な王国を形成した過去をもつセルビア人のセルビア正教会分離の動きも、このような文脈の中で生じたのであった。

オスマン帝国におけるギリシア人の優位は、正教会のみならず、世俗面においてもみられた。とりわけ西欧世界との関係が重要化していく十七世紀末から十八世紀にかけて、ムスリム・トルコ系の人々が自ら学ぼうとしない西欧諸語を習得し、帝国通訳官の地位をほとんど独占し、外交上、実質的に重要な地位を占めたのも、ギリシア系正教徒の上層部であった。

彼らは、イスタンブル旧市街の金角湾ぞいのフェネル（灯台）地区に住み、それにちなんで西欧人によりファナリオット（「フェネル地区」に住む人々の意）と呼ばれ、イスラム帝国における非ムスリムのエリート層を形成した。この人々は、正教会の運営にも大きな発言力をもち、さらに首席帝国通訳官就任者は、同じ正教徒ながらロマンス語系のルーマニア語を母語とする人々からなるオスマン帝国の二つの属国、ワラキアとモルダヴィアの君侯に、オスマン当局により任ぜられるのが通例となった。

共存と差別と

前近代のオスマン帝国支配下のバルカン・中東は、決して民族紛争・宗教紛争のるつぼなどではなかった。むしろそこは、幾多の緊張と紛争を内包しつつも、パクス・オトマニカの下にある世界であった。そして、宗教・言語・民族を異にする多種多様な人々が、複雑極まるモザイク構造をなして混在しつつ、互いに交渉をもち共存する世界であった。

そこでは、イスラム世界の伝統をうけつぐ宗教を基軸とする緩やかな統合と共存のシステムのオスマン的形態が、かなりの程度に機能していた。しかし、この共存のあり方は、あくまでシャリーアの秩序内におけるムスリム優位下の不平等の下の共存ないし許容のシステムにほかならない。そして、同じムスリムの間、あるいは同じ正教徒の間でも、決して平等の下の共存が実現されていたわけではなかった。ただ、不平等と差別が社会のシステムに内在している前近代の社会のシステムを前提とするとき、同時代の前近代の西欧世界のシステム等に比しても、はるかに柔軟で安定した共存システムが実現されていたといえる。

第九章　「西洋の衝撃」とナショナリズム

1　西欧世界とオスマン帝国

「西洋の衝撃」

非西欧の諸文化世界の諸社会は、近代における西欧世界の急速な台頭とその世界大の進出により「西洋の衝撃」に直面し、新たな政治単位のあり方と新たなアイデンティティの模索へと駆りたてられ、近代西欧に生まれた特異な政治単位としてのネイション・ステイト・モデルの受容の問題が生じた。

しかし、西欧世界と諸文化世界とのかかわり方は、各々の文化世界により異なった。そして、近代西欧世界の世界大の進出以前におけるかかわり方の相違が、各々の文化世界に対する「西洋の衝撃」のあり方にも、大きな影響を与えた。

漢字圏ないしは東アジア中華世界は「旧世界」の三大陸の東端に位置し、いわゆる「大航海時代」以前は、西欧キリスト教世界とはユーラシア中央の陸路を通じてごく間歇的に直接交渉をもつにとどまり、主としてイスラム世界のネットワークを経て間接的な関係をもった。西欧人の「大航海時代」の開始後も、新来の南方の海上からの来航者としての西欧人は、当初は南蛮として、東アジア中華世界の世界システムへの新参入者に終始した。その来訪は、日本への火砲の伝来や中国からの茶貿易の開始により、技術的・経済的影響を与えた。しかし、文化世界が直接に衝突するダイナミックな関係は、十九世紀に入るまで生じなかった。このため、「西洋の衝撃」は、東アジア中華世界にははるか後代になり、アヘン戦争やペリー来航のように、青天の霹靂《へきれき》として訪れ来った。

これに対し、「旧世界」の「三大陸」を結ぶ陸と海の交通と交易の大動脈上にひろがる文化世界としてのイスラム世界は、三大陸上に分布する諸文化世界のいずれとも、濃淡の差はありながら、直接的な接触を保ち続けていた。とりわけイスラム世界は、西欧キリスト教世界とは、両文化世界の形成のほとんど原初以来、相接し、和戦両様の関係を有し続けてきた。そして、西欧キリスト教世界は、まずその形成期に「アラブの大征服」とイスラム世界の形成による第一波の「イスラムの衝撃」をうけ、十一世紀末から十二世紀にかけては、自らの組織した十字軍への思わぬ反動として第二の「イスラムの衝撃」に見まわれた。両世界の力関係は、長らくイスラム世界優位の下にあった。

西欧キリスト教世界の世界大の進出の端緒となった西欧人の「大航海時代」も、西欧世界の内実の充実を示すとともに、「旧世界」の三大陸を結ぶ交易が、長らくムスリム・ネットワークの主導下にあることに対する対抗の試みであり、また、イベリア半島におけるレコンキスタの完了の延長線上で、イスラム世界を背後から脅かす試みであった。その意味では、西欧キリスト教世界の世界大の進出は、アジアの富への希求であるとともに、イスラム世界のヘゲモニーへの対抗運動であり、「西洋の衝撃」もその延長線上で生み出されたものであった。

「オスマンの衝撃」

近代西欧起源の従来の歴史学で、中世と近代の画期点は、しばしば一四五三年、すなわちオスマン帝国によるコンスタンティノポリスの征服とビザンツ帝国の滅亡の年に求められた。その当否はさておき、確かにこの年をもってビザンツ世界は消滅し、イスラム世界に包摂された。そして地中海世界では、七世紀中葉以来のビザンツ世界と西欧世界とイスラム世界が鼎立する状況が崩れ、イスラム世界と西欧世界が併立することになった。

コンスタンティノポリス陥落の報は、東地中海情報ネットワークの元締ヴェネツィアにいち早く伝わり、そこから全西欧キリスト教世界へ拡がり、衝撃を与えた。その約七十年後、それまでドナウ川をへだてて対峙していた西欧世界は、ドナウを越えて北上するスレイマン大帝指揮下のオスマン軍を迎え、「イスラムの衝撃」の第三波というべき「オスマンの衝撃」に直面することとなった。

「大航海時代」に入り、三大洋をへめぐり独自のネットワークを形成しつつあった西欧キリスト教世界は、その本拠の一部たる地中海西北部で、「オスマンの衝撃」にさらされ始めたのである。当時の西欧人が「トルコの脅威」としてとらえた「オスマンの衝撃」は、一五二六年のハンガリー侵攻から一五二九年のハプスブルク勢力の牙城ウィーンへの第一次包囲へと高まり、一五三八年のプレヴェザの海戦のように地中海上にも拡がっていった。さらにその余波は、はるか北方、ドイツの未だ幼弱なプロテスタント勢力の政治的地歩を固める努力をも期せずして助けることとなった。

「トルコの脅威」は、一五七一年のレパントの海戦でのキリスト教徒連合艦隊のオスマン艦隊に対する勝利の後も続いた。なお、この海戦は、アルマダ艦隊の敗北がスペイン帝国衰退の原因となったのとは異なり、一部史家が説いたようにオスマン帝国衰退の原因となったわけではなかった。それは異変の一つの表われではあったが、オスマン帝国の攻勢はその後も続き、十六世紀を通じてオスマン帝国は、むしろ「オスマンの衝撃」の主体たり続けた。

力関係の変化

しかし、十六世紀末から十七世紀初頭にかけ、オスマン帝国の社会は大きな変容期を迎えつつあった。火砲の発達は騎兵に重点をおくオスマン帝国の従来の軍制の変容を余儀なくさせ、火砲に習熟した歩兵軍団を中心とする常備軍団の急速な拡大をもたらした。その財源を確保すべく、地方在住の騎兵の給養のための知行地が回収され徴税請負制が拡大された。この変化は、帝国の税制、土地制度、そして財政のあり方も大きく変えることとなった。それでも生ずる財政の逼迫に対応する新財源を生むには、帝国の社会経済的・技術的発展はあまりに緩慢であった。これに対し、十六世紀以来の西欧世界における社会経済的・技術的発展ははるかに急速であった。それは、兵器と築城術との発達と、軍隊組織の発展をもたらし、西欧世界のオスマン帝国に対する対抗力を高めた。こうして、オスマン帝国の西欧世界に対する拡大は、十七世紀初頭には、ほとんど停滞することとなった。

さらに十七世紀に入ると、西欧世界は三大洋に出て大西洋、太平洋、インド洋を結ぶ大洋航海による独自のネットワークを築き上げていった。その中で、かつてイスラム世界の、そしてその最後のイスラム的世界帝国であるオスマン帝国の繁栄の一つの基《もとい》となった従来の三大陸の交易と交通の大動脈は、次第にいわば地方的支線と化していった。

このようななかでも、オスマン帝国はなお、ユーラシア西半において自他共に許す強国であった。十七世紀後半に至っても、西欧ではオスマン帝国の強盛の秘密について論ずる多くの書物が刊行されていた。当時の西欧きってのトルコ通であったポール・リコは、西欧においてオスマン帝国論の古典となり、モンテスキューも『法の精神』執筆に際しこれに拠った『オスマン帝国の現状』なる著作で、その強盛の秘密について論じていた。

その実、西欧世界とオスマン帝国の力関係は、徐々に変化しつつあった。そして、オスマン帝国の一部支配層も帝国の体制の変調に気づき、十七世紀を通じ、数多くの改革論が著わされ、いくつかの改革が試みられた。その最大のものは、一六五六年に始まる、大宰相キョプリュリュ・メフメット・パシャが着手し、その息子たちに引き継がれたキョプリュリュ改革だった。この改革は、あくまでモデルを過去に求め、昔日の栄光をとり戻すべく綱紀粛正をはかる復古的改革であったが、かなりの効果をあげた。

しかし、キョプリュリュ・メフメット・パシャの女婿で野心家の大宰相カラ・ムスタファ・パシャは一六八三年、改革のすべての成果をかけて、ハプスブルク側の平和維持へのたび重なる努力をも退けて第二次ウィーン包囲を始めたが、それは完全な失敗に終わった。オスマン軍は西欧世界に対する陸上戦で初めて大敗を喫し、潰走した。その後十余年間にわたり、オスマン軍はハプスブルク帝国史上屈指の名将サヴォイ公オイゲンの率いるハプスブルク軍により連破された。ようやく一六九九年、カルロヴィッツ条約による和平が成立したとき、オスマン帝国は十六世紀初頭以来の対西欧作戦の最前線基地ハンガリーの大半を失い、もはや、かつての超大国の面影を失っていた。

予兆

カルロヴィッツ条約以降も対ハプスブルク戦は続き、一七一八年のパサロヴィッツ条約により、ハンガリーの残存部分も完全に失い、ドナウ川の南に位置し、十六世紀初頭以来の対西欧作戦の大本営たるベオグラードも、一時、ハプスブルク帝国に奪われた。

十七世紀末になると、非西欧の諸文化世界の君主として初めて、近代西欧モデルの体系的受容による「西洋化」改革に着手したロシアのピョートル大帝が、黒海にむけて南下を開始した。ロシアの南下は、一七一一年のプルート戦役でロシア軍がオスマン軍に包囲され、ピョートルが和を請うことで、ひとまず停止した。しかし、西方のハプスブルクの脅威と北方のロシアの脅威が迫りくるなかで、オスマン帝国の支配層の一部は、オスマン帝国と近代西欧世界との力関係の逆転と、近代西欧の生み出しつつある新しい力を実感するに至った。

こうして、オスマン帝国にとっての「西洋の衝撃」は青天の霹靂ではなく、力関係が東高西低から西高東低へ向かうという徐々の変化の結果として、十八世紀初頭に訪れた。そして、それはイスラム世界体系の中核を占めるオスマン帝国が、西欧世界が形成しつつあった近代西欧世界体系へと包摂され始める過程の端緒でもあった。

2　「西洋の衝撃」の到来

外的な「西洋の衝撃」

オスマン帝国にとって「西洋の衝撃」は、他の非西欧の諸文化世界の場合と同様に、なによりもまず、軍事的外圧として訪れた。ひき続いて、政治的外交的外圧が加わるようになった。

オスマン帝国と西欧世界との間のソフトとハードの軍事技術、すなわち軍事組織・用兵と兵器・施設における優位の転換は、十六世紀末以降、徐々に進行していたが、この軍事における比較優位の喪失を、オスマン帝国の支配組織の中枢を占める支配エリートの中で、ごく一部とはいえ実感する者が現われたのは、十八世紀初頭、とりわけパサロヴィッツ条約締結以降のことであった。そして、この優劣の逆転の自覚とともに、オスマン帝国に「西洋の衝撃」が訪れたのであった。

この「西洋の衝撃」の到来は、近代の研究者によって、多くの場合、オスマン帝国の「衰退」とされてきた。しかし、それは必ずしも事態を適切にとらえているとはいえない。実際、オスマン帝国の社会内在的にも、そして前近代イスラム世界の歴史内在的にも、オスマン帝国は必ずしも「衰退」していたとはいい難い。事態をイスラム世界内在的にみるとき、オスマン帝国の版図は、イスラム世界内では十六世紀末以降、大きな増加もないが、決して縮小していたわけでもなかった。イスラム世界内の力関係では、オスマン帝国はなお西半の超大国であり、イスラム世界内の近隣の諸勢力に対しても、軍事的・技術的に比較優位を保っていた。

オスマン帝国の社会内在的にみても、確かに前期オスマン帝国ないしは古典期オスマン帝国の体制は、十六世紀末以来、大きく変化していた。支配組織と政策決定過程の構造、支配エリートの構成から、軍制、財政税制、中央と地方との関係、社会経済構造に至るまで、大きな変容がみられた。そして、この古典期の体制の変容過程を、同時代のオスマン朝人士の一部が、黄金時代の体制からの逸脱、衰退の兆しとして論じたのも事実であった。しかし、この変容は、必ずしも有形のものが解体して無形のものとなっていく過程ではなく、前期オスマン帝国のそれとは大きく異なるが、それなりに体系性をもつ、いわば後期オスマン帝国的体制の形成過程という面を多分に有していた。

この間、十六世紀末以降、西方に対してのみならず東方においても、帝国の版図の拡大は停滞した。そして、変容の過程の中で多くの混乱が生じ、同時代のオスマン朝人士は、黄金時代の伝統への復帰をめざす改革の必要を論じたのであった。近代の研究者もまたこの論調をうけついだ。そこには、確かに、草創期における急速な発展と拡大はもはや見られなかった。しかし、オスマン社会内在的には、この変容の中でイスラム世界のフロンティアに形成された社会における、独自の成熟が達成されつつあったともみることができる。

ただ、西欧世界との関係においてオスマン帝国の版図は、一六八三年の第二次ウィーン包囲の失敗以降、大きく失われ始めた。一六九九年のカルロヴィッツ条約によりハンガリーの大半の喪失、一七一八年のパサロヴィッツ条約によりベオグラードの一時的喪失がもたらされた。このことは、オスマン帝国が自文化世界たるイスラム世界内においては比較優位を保ちつつ、ただ異例の速度で台頭しつつある西隣の異文化世界としての西欧世界に対し、比較優位を失っていったことを示している。

オスマン帝国は、まさにこの意味において、「衰退」し始めたのであった。そして、この事態をオスマン帝国の一部の人々が実感し始めたとき、オスマン帝国にとっての「西洋の衝撃」が訪れたのであった。

「西洋化」改革の端緒

一七一八年のパサロヴィッツ条約交渉にあたり、時のスルタン、アフメット三世は、腹心の寵臣イブラヒム・パシャを大宰相に起用した。アナトリア中部のいわゆる地下都市で有名なカッパドキアのネヴシェヒル出身のため、ネヴシェヒルリ（ネヴシェヒル出身の）の異名で知られるようになったイブラヒム・パシャは、条約締結後、帝国の力を温存すべく対西欧宥和政策をとった。さらに、西欧諸国との友好を深め、西欧事情を知るべく、まず仇敵だったハプスブルク帝国のウィーンに、ついでスレイマン大帝時代以来の友好国フランスに大使を派遣した。とりわけ、遣仏大使イルミセキズ・チェレビィ・メフメット・エフェンディは、一年近くパリに滞在し、その『フランス奉使記』のなかで奉使行の顚末《てんまつ》のみならず、フランスの文物風俗について、新鮮な観察を書きつづった。

アフメット三世とイブラヒム・パシャの下で、オスマン帝国は十二年にわたるつかのまの泰平を謳歌した。チューリップ（ラーレ）が愛好されたため、後代、「チューリップ時代

（ラーレ・デヴリ）」と呼ばれるようになったこの時代に、異国趣味として西欧の影響が入り始めるとともに、西欧世界へのより開かれた関心も生じ始めた。その結果の一つとして、一七二七年にはイルミセキズ・チェレビィの息子メフメット・サーイトとハンガリーのプロテスタント出身でムスリムとなり、オスマン朝に仕えたイブラヒム・ミュテフェッリカによりイスラム世界最初のムスリムが経営しアラビア文字を用いる活版印刷所が開かれた。チューリップ時代は、一七三〇年にイラン国境情勢が緊迫する中で兵士と民衆の不満が高まり生じた反乱によって終焉を迎えた。しかし、その直後、イブラヒム・ミュテフェッリカは、西欧語の知識を生かして西欧の国制軍制を紹介し、オスマン帝国の現状と比較しつつ、改革の必要性を説く書物を著わし、自らの印刷所から刊行した。

実際、この頃から、オスマン帝国の支配エリート層のなかに、事態に対処すべく、古典期オスマン帝国の黄金時代の伝統への復帰をめざす復古的改革ではなく、近代西欧のもつ新しい力を認識し、近代西欧をモデルとする「西洋化」による改革の必要を認める人々が現われてきた。

当初は、比較優位の喪失の明らかな軍事面において、ごく部分的ながら、近代西欧の最新の武器を導入し、これを使いこなすための組織の部分的改革の試みが始まった。その最初期のものは、アフメット三世を継いだその甥マフムート一世時代の砲兵改革である。この改革には、圭角があって主君たちとおりあえず、遂にはオスマン帝国に亡命し、イスラムに改宗してオスマン朝に仕えたフンバラジュ・アフメット・パシャことド・ボヌヴァル伯爵が起用され、常備軍団中の補助軍団の一部をなすフンバラジュ（臼砲兵軍団）を、近代西欧式の砲兵隊に改変する形で行われ、かなりの成果をあげた。

このような最初期の「西洋化」改革は、当初、近代西欧モデルのごく部分的な受容をめざし、しかも守旧派を刺激せぬよう、軍隊の周辺的な部分の改革として進められた。それでも守旧派の抵抗ははなはだ強く、開明派と守旧派の抗争のなかで、ごく緩慢かつ断続的に進められた。しかし、後に「ガルプルラシュマ（「西洋人」のようになること）」、より後には同義の「バトゥルラシュマ」と呼ばれるようになった近代西欧モデルの受容による「西洋化」改革の端緒が開かれたことは、前近代イスラム世界のイスラム的世界帝国ともいうべきオスマン帝国において、「西洋の衝撃」が浸透し始めたことを示していた。

内的な「西洋の衝撃」としてのナショナリズム

外的な「西洋の衝撃」は、オスマン帝国の支配エリートの一部の意識を変革して「西洋化」改革の端緒を開いたが、さらに、いわば内的な「西洋の衝撃」というべきものが、帝国臣民の一部の意識内部にも浸透し、アイデンティティの変容をもたらした。

オスマン帝国の宗教も言語も民族も異にする多様極まる臣民たちは、宗教を基軸とする統合のシステムのなかでムスリム優位下の不平等の下で共存を享受し、自らも主として言語に基づく文化的な民族意識は何分か保ちながらも、宗教をアイデンティティの最大の根源として共存していた。しかし、後期オスマン帝国の時代に入り、税制が知行制から徴税請負制へと移行するようになると、徴税請負を通じて事実上、土地を集積した新しいタイプの地方有力者層となったアーヤーン層とよばれる新たな社会層が生じ、中央の地方に対する統制のあり方も地方の農民の生活状態も変化し、「パクス・オトマニカ」にも亀裂が生じた。

このような状況下で、ムスリムのみならず非ムスリムの農民からも、匪賊《ひぞく》（エシュキヤー）活動を行う者が現われた。とりわけ、非ムスリムの民衆出身で匪賊活動を行った者については、後年、近代民族主義の成立後、しばしば「トルコ人の支配」に対抗した民族的英雄として語られた。ブルガリアでハイドゥーク、ギリシアでクレフティスと呼ばれた人々などがその例である。しかし現実には、これらの人々も民族意識に基づく抵抗者というより、むしろ地方の支配者の圧制に対する反抗者にとどまった。そのような反抗者は、アナトリアのムスリム・トルコ系の民衆のなかにも、エシュキヤー（匪賊）として現われていた。

さらに、「パクス・オトマニカ」の下でも、非ムスリム臣民の集団的蜂起が皆無だったわけではない。一五七一年のレパントの海戦でのオスマン艦隊の大敗に際し、レパント（トルコ名イネバフト）のコリント湾をへだてて南方のペロポネソス半島（モレア、モレ）でギリシア系正教徒の蜂起がみられた。また、十八世紀にもペロポネソス半島でいくつかの蜂起がみられた。特に十八世紀にロシア勢力の影響の拡大とともに、その数を増した。しかしこれらも、宗教を基軸とする体制下での正教徒の同信者たるロシアを頼る、異教徒たるムスリムに対する蜂起であり、必ずしも「民族主義」に基づくものとはいえなかった。

そして十八世紀後半に入ると従来の宗教中心のアイデンティティの構造をゆるがす変化の芽も、いわば内的な「西洋の衝撃」として生じた。そもそもオスマン帝国は、近世東アジアの諸政治体と異なり、「鎖国」ないしそれに近い状態となったことはなく、つねに「開国」状態にあり、ムスリムであろうと非ムスリムであろうと、イスラム世界内であるとイスラム世界外の諸異文化世界であるとを問わず、常に人々は往還していた。そこでは、帝国の非ムスリムの臣民たちが、あるいは貿易のために、あるいは留学のために、西欧世界に赴くことも常態であった。オスマン帝国の臣民である非ムスリムたちの中には、西欧各地や、のちにはロシアが黒海に南下するとロシア領となった黒海岸の都市に、あるいは長期滞在し、あるいはコロニーをつくって住む者もでてきた。

このような状況下で、十八世紀後半に入ると、一部には内的な「西洋の衝撃」としての近代西欧のナショナリズムの影響が及び、アイデンティティの根源の変容が生じたのである。

近代西欧世界体系への包摂

元来、オスマン帝国は、一つの文化世界としてのイスラム世界の相対的に自己完結的な世界体系に属しつつ、近隣のビザンツ世界や西欧世界の世界体系と和戦両様の交渉を保ってきた。西欧キリスト教世界に属する諸政治体とのかかわりも、基本的には異文化世界関係であり、オスマン帝国は、イスラム世界の伝統に由来する世界秩序観の下で関係をとり結んでいた。それゆえ、根本的ルールもシャリーアに基づくシャルを中心に慣行が加わったものであった。条約の形式と法的意味づけも外交儀礼も、現実のオスマン優位の力関係によって自らの伝統を強制していた。後代、西欧人側の特権とみなされることになる、いわゆるキャピチュレーションさえ、当初のオスマン側の認識では、シャリーアのムスタミン制度を補完する、一方的な恩恵としての特権賦与であった。そして、一四五四年にイスタンブルにはヴェネツィアの常駐使節バイロが駐在し、十六世紀以降、まずフランス、ついでイギリス、オランダも常駐大使館をおくようになったが、これもあくまでスルタンによる一方的な恩恵の賦与と考えられていた。

十八世紀に入ってからも、長らく常駐外交使節は西欧側のみがおき、オスマン側の伝統的儀礼が西欧側にも遵守され、条約の形式も踏襲されたが、新たな力をえた西欧列強の影響は強まっていった。キャピチュレーションの意味も、強者としてのオスマン帝国の側から一方的に賦与された、随時取り消しうる特権から、強者としての西欧列強の特権と化し、その濫用も顕著化していった。なによりも、かつて三大陸を結ぶ異文化世界間交易の要としてオスマン帝国の主導下に行われていた対西欧交易も、三大洋をくみこんだネットワークを基軸に自らの世界体系を築きつつある西欧列強の主導下に移っていった。

こうして、十八世紀を通じ、イスラム世界体系の中枢をなしてきたオスマン帝国は、次第に近代西欧世界体系へと包摂され始めた。かつての「オスマンの衝撃」の主体は「西洋の衝撃」の客体と化し、オスマン帝国の領土は、それをめぐる列強の角逐たる「東方問題」の舞台と化していくのである。

3　バルカンのナショナリズムの興起

ギリシア・ナショナリズムの誕生

内的な「西洋の衝撃」としてのアイデンティティの変化は、近代西欧において萌芽的に形成されつつあったナショナリズムの影響の下に、オスマン帝国の臣民のアイデンティティの基軸を、宗教からより世俗的なものへと転移させ、パクス・オトマニカの基軸を掘り崩し始めた。この内的な「西洋の衝撃」としてのナショナリズムの影響は、なによりも帝国の非ムスリムの臣民のうち、バルカンのキリスト教徒諸民族の中に浸透していった。

その嚆矢は、パクス・オトマニカの下のキリスト教徒臣民中で、最も恵まれた地位にあったギリシア人の中に現われた。ギリシア人は、オスマン人からはルーム（正教徒、ローマ人）と呼ばれ、自らも正教徒、ついでロメイ（ローマ人）として意識していた。ヘレネス（ギリシア人）という語は、通例、「異教のギリシア人」、「異教徒」を意味し、負の意味を含むもので、正教徒意識、ローマ人（ビザンツ人）意識が支配的であった。

このようなギリシア語を母語とする正教徒の中には、ギリシア本土を中心にバルカン各地に居住する人々、エーゲ海などの島々に住む人々、カッパドキア等のアナトリア各地に点在する人々、イスタンブルに居住する人々、そして西欧各地と十八世紀後半のロシアの黒海進出以降の黒海北岸のロシア領内の諸都市にコロニーを形成しディアスポラ（流離の民）として暮らす人々などがいた。ただ、ここでディアスポラといっても、ギリシア正教徒の場合、外的理由で意に反し異郷に流浪の身をかこつ本来のディアスポラ、すなわち「流離の民」ではなく、おおむね自分の意思で異郷にあった人々であった。

しかし、交易のために、あるいは留学のために、異文化世界としての西欧世界及びその影響下に「西洋化」しつつあるロシアに滞在するギリシア人の富裕層に、内的な「西洋の衝撃」はいち早く浸透し始めた。その最大の例が、アダマンティオス・コライスであった。本来はキオス島出自のギリシア人コライスは、オスマン帝国臣民として、一七四八年に西アナトリアのエーゲ沿岸の海商都市イズミルに生まれた。スミルナの名で知られギリシア系正教徒の活躍がめだった国際交易都市イズミルで初等教育をうけたコライスは、商人だった父の家業を助けるべくアムステルダムに赴き、のちフランスのモンペリエで医学を学び、一七八八年にパリにおちついた。

コライスは医学を修めたが、当時、西欧で新たに発達しつつあった西洋古典学の方法を学び、ギリシア語の古典をギリシア語を母語とする者として新たな目で読み解き始めた。この試みの中で彼は、古代ギリシア人をはるか昔の伝説の日々の異教徒としてではなく、自らの父祖として意識するようになった。コライスは、異教時代の文献にすぎなかったギリシア古典を自らの文化的伝統の根源として再発見し、これまでギリシア系正教徒によって必ずしも十分に評価されていなかった古代ギリシアの古典の研究、紹介、刊行に努め始めた。まさに「国学」としてのギリシア古典学が開始されたのである。

コライスはなによりも古典文献学者として、言語学者として研究を進めるとともに、古代ギリシアの栄光につらなるものとしてのギリシア人アイデンティティの確立につとめた。こうしてコライスは、ギリシア国学の鼻祖となるとともに、文化的ナショナリズムとしてのギリシア・ナショナリズムの創始者となった。

フランス革命をまのあたりにしつつパリに生きたコライスはまた、フランス革命の中で明確化されつつある自由と平等を求める国民主義の影響をうけ、いくつかの著作を公刊した。ただ彼は、ただちに政治的ナショナリズムの運動を是としたわけではなかった。

しかし、フランス革命の雰囲気のなかで、文化的ナショナリズムから一歩進み、政治的ナショナリズムをめざす者が現われた。その先駆者はリガスであった。今ではギリシア領だが当時はオスマン領だったテッサリア地方のヴェレスティノ村出身で、自らヴェレスティンリスと称したリガスは、教育をうけたのち二十歳頃にイスタンブルに赴くと、ギリシア正教系のエリート階層たるファナリオットのイプシランティ家に仕え、のちオスマン帝国の属国のワラキアでファナリオット出身の君侯に仕えた。しかし、一七九〇年にウィーンで処女作を刊行すると、一旦ワラキアに帰ったのち、一七九六年にウィーンに戻った。

フランス大革命の渦中にまきこまれつつあるウィーンで、リガスは自由と平等と立憲政治の理念の影響の下に、政治的ギリシア・ナショナリズムの先駆となった。そして、オスマン帝国から解放されたバルカンでの連邦の形成と、その下でのギリシアの自治をめざし、著作を刊行するが、まもなくハプスブルク当局に逮捕され、オスマン帝国に送還、ベオグラードで処刑された。ここに殉教者とともにギリシアの政治的ナショナリズムが成立した。ただ、リガスの思想は、宗教、民族をとわぬ平等の下のバルカン連邦の建設を求めるものであり、必ずしも民族主義的ナショナリズムではなく、むしろ開かれた国民主義的ナショナリズムであった。すなわち、リガスは、実はギリシア化したウラク人なのであった。

思想運動から独立戦争へ

コライスとリガスを先駆とするギリシア・ナショナリズムは、のち一層政治化し、民族主義に基づく政治運動として友愛協会（フィリキ・エテリア）が現われた。一八一四年に黒海北岸のロシア領のオデッサでディアスポラのギリシア人商人を中心に結成されたこの協会は、ギリシア人の祖国解放と、さらにバルカン諸民族の一斉解放をめざした。その実現のために正教徒の保護者をもって任ずるロシアの支援を求めたが、得られなかった。

友愛協会は、ギリシア人が圧倒的多数をしめるペロポネソスやエーゲ海諸島の人々にもはたらきかけた。ファナリオット出身の前ワラキア君侯の息子で、ロシア皇帝アレクサンドル一世の副官であったアレクサンドロス・イプシランティスが代表となった。一八二一年、彼の率いる軍隊がロシア領からワラキアに進攻すると、ワラキア人トゥドル・ヴラディミレスクが呼応して挙兵しブカレストを占領した。しかし、ロシアはじめ列強は動かず、オスマン軍により鎮圧され、イプシランティスは逃亡し、ウィーンで客死した。

他方、これに先だち各地でもギリシア人が蜂起し、一八二一年三月二十五日にはペロポネソスのパトラの主教が挙兵するに至って、ギリシア独立戦争が始まった。その指導層には、オスマン帝国の非ムスリム支配層に属しイスタンブルに拠点をもつファナリオット出身者の一部と、土着勢力としての陸地部の伝統的地方有力者コジャ・バシュ層出身者と、島嶼部の船主が加わっていた。軍事力としては、オスマン体制下で伝統的反抗者の役割を果たしてきたクレフティス（匪賊）と、このような攪乱要因に対抗する体制側の非ムスリム補助軍事力のアルマトゥロスが中心となった。

オスマン当局は、一八二一年から翌年にかけ、現在のギリシア北西部にあたるエピルスのアルバニア系ムスリムの地方有力者テペデレンリ・アリ・パシャを討伐していたため、当初、西欧列強もロシアも本格介入しなかったにもかかわらず、独立軍が優勢だった。しかし、外来と土着のギリシア系有力者と匪賊勢力を主体とする革命軍内で、早くも将来の構想をめぐり分裂が生じていた。

一八二五年、オスマン当局の要請を受け、エジプト総督となり事実上エジプトの支配者となったムハンマド・アリー・パシャが息子のイブラヒム・パシャを陸兵と海軍とともに派遣し、翌年、本格的にペロポネソスで活動し始めると、独立軍は一挙に劣勢になった。ただ、この間、十八世紀以来の古典愛好から高まった西欧のギリシア愛好者（フィルヘレネス）が西欧世界での国際世論を盛り上げ、ロシアも干渉しようとし、これに対抗し英仏も干渉に乗り出し軍事介入した。英仏露三国は、オスマン帝国にギリシア独立を認めさせ、一八三〇年、ロンドン議定書で完全に独立を果たしたギリシア王国が成立した。

こうしてパクス・オトマニカは、まずバルカン・ナショナリズムの先駆をなすギリシア独立戦争によってその一画がつき崩されることとなった。しかしバルカンにおける最初の政治的民族主義に基づくネイション・ステイトとして成立したはずのギリシアも、一八三二年の条約により、列強の圧力で西欧の熱烈なギリシア愛好者の一人、バヴァリア王ルートヴィッヒ一世の王子オットーを国王として迎え、列強の権力政治と政治的民族主義の奇妙な妥協物となった。しかも国内では、旧来のギリシア系有力者と革命の軍事力として活躍したクレフティスすなわち匪賊の利害が錯綜し、リガスらのめざした国民国家からはほど遠いものとなった。

ただ、ギリシア独立戦争は、パクス・オトマニカに大影響を与えた。オスマン当局は、非ムスリム臣民のなかで最も優遇され、ビザンツ帝国時代以上の権限と管轄地域を享受していた正教会のイスタンブル総主教を、教会は帝国に忠誠を守っているにもかかわらず処刑した。さらに、大宰相府首席通訳官として帝国外交の機微に接してきたファナリオットからこの職を奪い、ムスリム・トルコ系の通訳官を養成するようになった。またファナリオットの任ぜられてきたワラキアとモルダヴィアの君侯の地位も、各々現地の有力者に与えることとした。こうして、正教会とファナリオットの権力は失墜し、ギリシア系正教徒の位置そのものが揺らぐこととなった。

セルビア蜂起

ギリシア独立戦争は、「西洋の衝撃」の下に民族主義としてのナショナリズムにつき動かされ始めた人々が口火となり、クレフティス（匪賊）という伝統的反抗の形態と、伝統の中で生み出されてきた様々の新しい利害などが結びつき展開し始めた。これに対し、オスマン帝国の伝統的体制の下で生じた伝統的反抗が適切に収拾されぬなかで、次第に新しい政治構想へとむかったのが、一八〇四年に始まるセルビア蜂起であった。

トルコ人がスルブと呼んだセルビア人は、オスマン帝国の征服以前に、ステファン・ドゥシャンのセルビア帝国を形成し、正教徒ながらもイスタンブル総主教から自立性を保とうとしてきた過去を有していた。そして、一五五七年にはペチに総主教がおかれ、独自のセルビア教会が設立されさえした。一六八三年の第二次ウィーン包囲失敗後のオスマン帝国とハプスブルク帝国との抗争では、多数のセルビア人がハプスブルク軍に加わり、のちに少なからぬセルビア人に加えペチの総主教も、ハプスブルク帝国に亡命した。

その後、オスマン領内に残ったペチでは、ギリシア人が総主教に任ぜられ、ギリシア化が進められ、一七六六年にはペチの総主教座も廃止され、セルビア教会は消滅した。セルビア人は、ビザンツ帝国の主でありオスマン体制下でも正教会の支配者層であったギリシア人に対抗してかなり強い文化的民族意識を有していた。しかし、海外居住者の多かったギリシア人に比し、内陸で主に農村に依拠するセルビア人正教徒のなかでは、「西洋の衝撃」としてのナショナリズムの衝撃の浸透度は低かった。その衝撃は、わずかにかつて十七世紀末にハプスブルク領に亡命した人々の間に浸透し始めたにとどまった。

パクス・オトマニカのなかで、農民としてのセルビア人は、クネズと呼ばれる地方有力者の下に自治生活を営んでいた。しかし、オスマン帝国の体制の変容とともに新たな地方有力者が生ずるなかで、十八世紀末に現在はブルガリア西北部に属するヴィディンにパスヴァン・オウル家が台頭し、セルビア人居住地にも勢力をひろげた。他方、ベオグラードに駐留し力をつけたイェニチェリが、帝国中央の統制に従わず、パスヴァン・オウル家と結んで横暴化し、これを統制しようとしたベオグラード州の総督ハジュ・ムスタファ・パシャを殺害し、セルビア人への圧制を強め、一八〇四年、多数のセルビア人指導者たちを殺害した。これに対抗し、セルビア人の蜂起が開始された。

この蜂起は、当初、地方の不法の圧制者に対する抵抗運動であり、むしろパクス・オトマニカの再興をめざす動きであった。しかし、オスマン当局は有効に対処しえず、蜂起したセルビア人は、実力でイェニチェリを制圧し、蜂起の指導者に選ばれたカラジョルジュ・ペトロヴィッツはオスマン当局に対して従来与えられた諸権利の保障を要求した。農民出身で、露土戦争の際にはロシア側で参戦したハプスブルク軍に加わり、ハイドゥーク（匪賊）だったこともあるカラジョルジュは、豚商人であったが、当初から特に強い民族主義的構想を描いていたわけではなく、地方の圧制者に対する民衆蜂起の指導者であった。オスマン当局の不適切な対応が、この蜂起の性格を変えていったのである。

セルビア人蜂起者の自治要求に驚いたオスマン当局がこれを実力で鎮圧しようとし、これに対抗すべく、セルビア人側はハプスブルク帝国、さらにロシアの支援を求めた。こうしたなかで一八〇六年には露土戦争が始まり、セルビア人蜂起者はベオグラードを制圧し、セルビア人の国家建設をめざすに至った。この第一次の蜂起は一八一二年の露土戦争終結後、力を失い、一八一三年には一応鎮圧され、カラジョルジュは国外に亡命した。

しかし、一八一五年、再びセルビア人は蜂起し、第二次蜂起の指導者となったミロシュ・オブレノヴィッツは、一八一六年、オスマン帝国の宗主下の自治権を得て、セルビア自治侯国が成立した。その地位は、露土戦争の結果として結ばれた一八二六年のアクケルマン条約と一八二九年のアドリアノープル条約によって確認され、一八三〇年のオスマン帝国のスルタンの勅令により、オブレノヴィッツの世襲権が強められた。同じ勅令のなかで、軍事要塞の兵員を除き、いかなるムスリムもセルビアには居住できぬこと、そしてすでに居住し不動産を所有するムスリムは、その不動産を一年以内に売却すべきことが規定されていた。こうして、なお様々のエスニック・グループに属するムスリムが居住していたギリシアに比し、より徹底した「民族国家」化がここではめざされた。

バルカンのナショナリズム

ナショナリズムの衝撃は、他のバルカンの諸民族にも波及した。オスマン帝国の属国であったワラキアとモルダヴィアでも、ギリシア独立戦争の開始により、ギリシア人ファナリオットの君侯は廃され、現地出身者が君侯に任命され、正教会からもギリシア系聖職者が排されていった。国民主義としてのナショナリズムとともに、民族主義としてのナショナリズムも、とりわけフランス留学者のなかに浸透し始めた。ワラキアとモルダヴィアの合同を求める運動も生じ、一八五九年には両君侯国の議会が各々、マアン・クザを君侯に選び、両君侯国の事実上の合同がなり、のちの統一国家ルーマニアの出発点となった。

ブルガリアはオスマン帝国の心臓部に近く、より強力な統制下にあった。正教会もイスタンブルの総主教の統制がより強く、ギリシア化もより強く進められた。このため、文章語としてのブルガリア語の発達も妨げられた。それでも十八世紀中葉には、ブルガリア人修道士パイシーがブルガリア語で書かれた最初のブルガリア史を著した。ここではオスマン支配より、ギリシア人の文化的支配に対抗して、文化的民族主義としてのブルガリア・ナショナリズムの萌芽が現われた。さらに十九世紀前半に入ると、海外で活動するようになったブルガリア人商人らの間に、近代西欧のナショナリズムの影響が入り始めた。とりわけ南ロシアのオデッサは、その重要拠点となった。

これに対し、チョルバジュと呼ばれるブルガリア人キリスト教徒の富裕層は、むしろオスマン体制と利害をともにした。チョルバジュ層の搾取とオスマン地方官憲の抑圧に対し、十九世紀前半にその是正を求める農民反乱が生じ始めた。この動きに、主に海外のディアスポラのブルガリア人の政治的ナショナリズム運動が浸透したとき、ブルガリア人の間にも民族国家の希求の動きがみられるようになり、一八七六年の蜂起後、ロシアの支援の下でのブルガリア国家建設に向かった。そして一八七八年のベルリン条約によって、オスマン帝国の宗主権下にブルガリア自治君侯国が成立することになる。

言語と民族の「再発見」

パクス・オトマニカの下にあったオスマン帝国の多種多様な人々へのナショナリズムの衝

撃は、まずバルカンの非ムスリムの諸民族の間に浸透し、宗教にかえて、自らの言語の再発見がなされ、言語を通じて民族としてのアイデンティティの問い直しが進められた。それは、「ローマ人」と意識してきたギリシア人にとっては、ローマ・ビザンツ以前の古代の異教のギリシア人との連続性の再発見となった。セルビア人やブルガリア人にとっては、正教徒意識の問い直しとともに、ビザンツ時代からオスマン時代を通じて進められたギリシア人の文化的支配に対し、自らの中世と古代の再発見となった。

言語と民族の再発見は、言語の異なる同信者間においては同信者への近しさの感情を弱め、宗派を異にしている場合さえ同じ言語を用いる者に対し、民族としての親近感を生じさせた。そして言語は、決定的に政治的意味を帯び始めた。宗教を基軸としたパクス・オトマニカの基礎は、言語を基軸とする民族主義としてのナショナリズムにより、着実に掘り崩され始めた。こうして、オスマン帝国の支配組織の対外的な比較優位の喪失と、それに伴う西欧列強と「西洋化」しつつあるロシアの外圧が、この過程をさらに加速させていくのである。

第十章　「多宗教帝国」の試み

1　「西洋化」改革とナショナリズムへの対応

改革の進展

「西洋の衝撃」の到来とともに、十八世紀前半に早くも始まったオスマン帝国の支配エリートによる近代西欧モデルの受容による「西洋化」改革の試みは、フランス革命に先んじて一七八九年四月に即位したセリム三世の下で、従来のはなはだ部分的な改革から、はるかに体系的な改革へと移行した。

セリム三世は、「新秩序（ニザーム・ジェディード）」形成をめざし、守旧派の巣窟に堕したかつての精鋭イェニチェリ軍団のかたわらに、それ自体「新秩序」と呼ばれるようになった近代西欧モデルに基づく新軍隊を創設し、フランスはじめ諸外国から軍事教官を招き、一連の改革のための資金源として「新秩序会計」を開いた。さらに、西欧世界との関係強化と情報収集をめざし、かつては西欧諸国のイスタンブルへの大使常駐のみを特別の恩恵として認め、自らは常駐大使を派遣しなかったのを改め、一七九三年以降、ロンドン、パリ、ウィーンそしてベルリンに常駐大使館を開設した。この試みとともに、従来は西欧語は習得しないのが例であったムスリム・トルコ系の支配エリートの中に、フランス語を学ぶ者もごく少数ながら現われ始めた。

しかし、セリム三世の時代は内憂外患の時代であった。その即位時は、ロシア及びハプスブルク両帝国との戦争の最中であった。フランス革命の余波で一七九一年、この戦争を終結し、本格的改革に着手してまもなく、一七九八年には、かつてはオスマン帝国にお雇い外国人として来ることさえ望んだナポレオンが、インドでのイギリスの優位を覆そうとオスマン帝国領のエジプトに侵入し、ようやく三年後に撤退、和約がなった。さらに、一八〇四年には第一次セルビア蜂起が生じ、一八〇六年にはセルビアの自治容認を結果することになる露土戦争が始まった。このような混乱の時代の中で、一八〇七年、イェニチェリの反乱によりセリムは廃位され、新式軍隊も解体されて、改革は失敗した。

その後の混乱のなかで一八〇八年、廃帝セリムが暗殺され、守旧派に擁せられたムスタファ四世も廃位されたのちに、オスマン朝第三十代スルタンとして即位したセリムの年下の従弟マフムート二世は、より決然と改革をめざした。彼は、当初、一方で旧来の軍隊の中核たるイェニチェリ軍団を用い地方に割拠するようになった地方有力者たちを討伐して帝国の再集権化を進め、他方で信頼するにたる部下を支配組織の各所にすえつつ時を待った。

一八二六年、新式訓練の実施に反対してイェニチェリ軍団が蜂起したとき、これを砲兵等を用いて撃滅すると、軍団自体を廃止し、近代西欧モデルに基づく新軍隊ムハンマド常勝軍を創設した。オスマン帝国における「西洋化」改革は、ここで初めて全面的に開始された。マフムート二世は、軍事のみならず、行政、土地制度から教育、服飾に至るまでの「西洋化」改革を実施した。ギリシア独立戦争の開始をうけて、既に一八三三年には、それまでのギリシア人通訳官にかえて、大宰相府に「翻訳室」が開かれ、ムスリム・トルコ系の官僚が自らフランス語を中心に近代西欧語を学び始めた。そして一八三四年には、セリム改革の失敗後、不活発化し消滅した常駐大使館が新しい近代西欧的意味づけの下に再開された。

一八二六年に始まるマフムート二世改革以後、オスマン帝国では近代西欧モデルの体系的受容による体制全体の改革をめざす「西洋化」改革が進み始めた。この「西洋化」改革の流れは、マフムート二世が没し、その子アブデュル・メジト一世が即位した直後に発せられた「ギュルハネの勅書（ギュルハネ・ハットゥ・ヒュマユーヌ）」と共に開始され、一八七六年まで続いたタンズィマート改革によって受けつがれ、さらに広汎な諸分野に及んだ。

ムスリムの優位からオスマン臣民の平等へ

セリム三世改革に始まり、マフムート二世改革で本格化し、タンズィマート改革に受けつがれたオスマン帝国の「西洋化」改革は、同時代の西欧人たちには成果なき改革、見せかけの改革としてあまり評価されず、問題がおこるごとに、西欧列強は一層の改革を要求した。

しかし、歴史的実態をみるに、オスマン帝国のこの一連の「西洋化」改革は、さほど効用なきものであったわけではない。むしろ、マフムート二世改革とタンズィマート改革は、少なくとも帝国の支配組織の中核部分の再組織化に成功するとともに、近代西欧優位の時代、イスラム世界体系が近代西欧世界体系へと包摂されていく時代に対応しうる新しいタイプのエリート、サブ・エリートを生み出した。そして、この成果があればこそ、中国に比してもはるかに厳しい国際環境におかれたオスマン帝国が、まがりなりにも政治的独立を保ち、また近代トルコを生み出すゆりかごともなりえたのであった。

しかし、確かにこの時代は、「西洋の衝撃」の下で、イスラム世界秩序に基づくパクス・オトマニカが崩壊し、まずバルカンのキリスト教徒諸民族の中に、近代西欧の影響の下に新しいアイデンティティの源泉としてナショナリズムが生じ、各々が自らのネイション・ステイトを希求し始めた時代であった。そしてまた、パクス・オトマニカの基礎をなしたムスリム優位下の不平等下の共存のシステムの機能不全が明確化し、オスマン帝国の領土と臣民の将来につき様々の思惑を秘めた西欧列強と「西洋化」しつつあるロシアが、帝国内のキリスト教徒保護の名目の下に、絶えざる干渉を加え始めた時代でもあった。

この事態への対応として、当初は反乱の鎮圧とともに、地方当局と地方有力者層の民衆への圧制と権限濫用の抑制がめざされた。しかし、ギリシアがまがりなりにも既に「ネイション・ステイト」として独立し、セルビア及びワラキアとモルダヴィアも自治侯国化した後のマフムート二世の晩年には、近代西欧モデルの導入に基づく「西洋化」による、統合と共存の様式の本質的改変が準備されつつあった。新原則は、マフムート二世が一八三九年七月一日に没して四ヵ月ほどたった十一月三日に発布された「ギュルハネの勅書」の中で表明された。この勅書の目的は、ナポレオン侵入後のエジプトの混乱の中でオスマン当局によってエジプトに派遣されたアルバニア人不正規兵の副隊長から身をおこして実権を掌握し、事実上、半独立的なエジプト総督となったメフメット・アリ・パシャ（ムハンマド・アリー）の軍隊のアナトリアへの進撃の危機の中で、一方で帝国内の臣民に対し、他方で列強に改革の意思を表明し、帝国の維持をはかることにあった。

この勅書で、「いと高き朕が政府の臣民たる「イスラムの民（エフリ・イスラーム）」と「他の諸宗教共同体（ミレッティ・サーイレ）」は、この朕の許しに例外なく浴すべく生命と名誉と財産の諸点につき、シャリーアの規則に従い、神護の諸国土（オスマン帝国）のすべての住民に、朕より、完全な安全が与えられた」と宣言され、やや不明確ながら、「宗教にかかわらぬオスマン帝国の臣民」の権利の平等がうたわれていた。

そして一八五六年、クリミア戦争の終結についてのパリ講和会議に際し、帝国の臣民と列強に改革の意思を表明した『改革の勅令』において、「ギュルハネの勅書」における宗教にかかわらぬ「生命と名誉と財産の安全」の保障を確認し、さらに進んで、「宗派（メズヘブ）、言語（リサン）、ないし民族（ジンスィエット）のように、我がいと高き政府の臣民の諸階層（スヌーフ）のうち一つの階層（スヌフ）が、他の階層によって見下げられるようなすべての用語と言葉と差別が、官庁文書から永久に除かれる」ことが宣言された。

こうして、「西洋化」のなかで、列強の干渉と、そして帝国臣民である非ムスリムの諸民族の帝国からの離脱を防ぐべく、統合と共存の様式は「ムスリム優位下の不平等の下の共存」から、「すべてのオスマン臣民の平等の下の共存」へとうつされていった。

多宗教帝国の構想

その際、統合の基軸は「民族」ではなく、依然として宗教におかれていた。それは、タンズィマート改革の最後の成果として、一八七六年に発布されたオスマン帝国憲法、「カヌーヌ・エサースィー（基本法）」の第二部「オスマン国家の臣民（テバーイ・デヴレッティ・オスマニエ）の一般的諸権利」に属する第八条で「オスマン国家の国籍をもつ者はすべて、いかなる宗教（ディン）と宗派（メズヘブ）に属する者であろうと、例外なく、『オスマン人（オスマンル）』と呼ばれる」とある一文と、第十一条「オスマン国家の宗教（ディン）は、イスラム教（ディニ・イスラーム）である」から、あきらかである。

そこでめざされたのは、イスラムを国教として、政治社会の統合の基軸をなお宗教におきつつ、いかなる宗教に属する者もオスマン帝国臣民として平等とする、多民族帝国ならぬ多宗教帝国であった。一八七六年のこの時点においても、民族と言語への言及は、第十八条で官吏の資格として「オスマン臣民（テバーイ・オスマーニー）の国家の勤務で奉仕がなされるためには、『国家の公用語（リサヌ・レスミースィ）』たるトルコ語（テュルクチェ）を知ることが条件である」との項目のみであった。

のちにオスマン主義（トルコ語でオスマンルルク、英語でオットマニズム）と呼ばれるようになった、多種多様な人間集団を含むオスマン帝国の臣民を、オスマン帝国臣民として平等の下の共存の原則の下に再統合しようとした路線の基軸は、ちょうど同じころに民族を基礎として帝国を多民族帝国として再統合しようとしたハプスブルク帝国とは対照的に、なおイスラム世界における統合の伝統をうけつぎ、あくまで宗教に求められていたのであった。

平等より分離への潮流

しかし、「西洋の衝撃」としてのナショナリズムの衝撃の下で、まずバルカンのキリスト教徒諸民族のなかで始まった動きは、多宗教帝国の中の平等よりは、分離による自らの民族国家としてのネイション・ステイトの希求へとむかった。実際、一八三〇年のギリシア独立につづき、一八七八年のベルリン条約によるセルビア、モンテネグロ、そしてルーマニアと、続々と分離独立をとげていった。

この多宗教帝国が実際につなぎとめているのは、トルコ人、アラブ人をはじめとするムスリムの諸民族と、非ムスリムが数の上でも優勢のバルカンと異なり、ムスリムが数的にも多数をしめるアナトリアを故郷とするキリスト教徒のアルメニア人等であった。

2 「国民国家」への道

西欧語の習得

多種多様な宗教・言語・民族に属する人々からなる多様性の帝国、オスマン帝国において、「西洋の衝撃」の下に、まずバルカンのキリスト教徒諸民族の中に全く新しい理念である民族主義としての近代ナショナリズムの影響が徐々に浸透し、民族国家としてのネイション・ステイトを希求する動きが現実政治の中で一大潮流となりつつあった。それは、オスマン帝国が「西洋の衝撃」に対抗すべく、近代西欧モデルの受容による「西洋化」改革によって自らを変革する努力を加速化させつつある時代であった。このような状況のなかで、内的な「西洋の衝撃」はムスリム・トルコ系臣民にも及び始めた。

近代西欧モデルを受容するためには、近代西欧についての知識を必要とした。このためには、西欧の言語とトルコ語を架橋することが必須となった。そこで自ら蘭学を生んだ徳川日本とは異なり、もっぱら非ムスリム臣民出身の通訳者に頼っていたオスマン帝国の中にも、自ら、異文化世界の異教徒の言語である西欧語に関心を示す者も現われ始めた。そして、一方で「西洋化」改革の加速化は、その担い手の拡大のための学校教育の拡大を必要とし、学校教育の中で、翻訳によってのみならず、直接に西欧知識を吸収するために、西欧語を学ぶことも求められるようになっていった。

他方で、とりわけ一八二一年のギリシア独立戦争の発生によって帝国中央の言語的媒介者の中核となってきたギリシア人を排除せざるをえなくなり、帝国の支配組織の中核中の中核たる大宰相府に翻訳室を開き、ムスリム・トルコ系の要員をもってあてることとし、しかも、ここが新型エリート養成の中枢となっていった。そして一八三四年に西欧世界の主要国に常駐大使館が再開され、ここに多くの将来の支配エリート候補としての若手官僚、軍人が派遣されるようになり、加えて留学生も派遣されるようになると、近代西欧知識をもつとともに直接に西欧語から新知識を吸収しうる人材が一層拡大し、西欧理解を深化することとなった。

西欧につき学び、西欧語も習得した「西洋化」改革の担い手たちに求められたのは、なによりも新しい政治外交、法制、軍事、科学技術等についての実務的知識であった。そしてタンズィマート期に入り、西欧語を習得した新しいタイプのムスリム・トルコ系のエリート、サブ・エリートが拡大するなかで、オスマン当局によって期待された範囲をこえて、近代西欧に関心をもち新知識を吸収する流れが生じた。

こうして、より広く文学、学術、そして政治思想に関心をもつ人々が現われた。彼らの中には、近代西欧の政治思想の影響の下に、明治日本の自由民権派や清末中国の変法派のように、「上からの改革」としての「西洋化」改革に対し、民衆の参加をも可能とする道を模索する者もいた。

ナショナリズムの先駆者

とりわけタンズィマート改革も、一八五六年の「改革の勅令」により後半に入った一八六〇年代には、近代西欧のネイション・ステイトの理念の影響下に、自由とそれを実現するための立憲制をめざす人々が現われた。「新オスマン人（イェニ・オスマンルラル）」と称するこのグループは、元来は帝国中央の支配エリート候補たちであったが、「上からの改革」を進める現体制を「専制（イスティブダード）」と見、自らの理想像を提示した。

「新オスマン人」の代表的論客の一人は、ナームク・ケマルであった。遠祖に十八世紀前半、フランス人ド・ボヌヴァル伯爵を起用し砲兵改革を行わせた大宰相トパル・オスマン・パシャをもつケマルは、一八四〇年、官僚の子として生まれ、外祖父に引きとられると、その任地を転々とした。ソフィアから十七歳で上京した後、「西洋化」改革の担い手を輩出した翻訳室に入ると同時に文筆活動に携わり、タンズィマート期を代表する思想家、文学者となった。

その立憲思想ゆえに、一時はパリ、ロンドンに亡命し、帰国後も一八七三年にキプロス、のちレスボス島に配流され、その後も中央から遠ざけられ、同じくギリシア系住民の圧倒的に多いエーゲ海の諸島の知事となり、一八八八年、キオス島の知事のときに没したケマルは、帝国の宗教・民族的に複雑な構成を熟知していた。そして、長い滞欧経験をもち、フランス語も能くし、近代西欧の思想と文学、文化にも通じていた。

ナームク・ケマルは、しばしばトルコにおけるナショナリズムの先駆者とされる。彼は、それまで主に「郷里、郷土」の意味で用いられてきたアラビア語起源の単語ヴァタンを「祖国」の意で用い、愛国主義的な近代劇『祖国又はシルシトラ』を著わしたことで名高い。

ナームク・ケマルにとって「崇高なる国家（デヴレティ・アリエ）」、すなわちオスマン国家こそ「祖国（ヴァタン）」である。その成員は、「祖国を共にするもの（ヴァタンダシュ）」として同胞である。ケマルは、オスマン国家の成員をオスマンル、すなわちオスマン人と呼ぶ。彼は、このオスマン人が、宗派（メズヘブ）も、言語（リサン）も民族（ジンスィエット）も異にする様々の人々からなることを前提としている。そして、この民族（ジンス）と宗派の多様性が、この祖国を覆しうる要因たりうることは認める。

しかし、ケマルは民族、宗派を異にしようとも、平等の権利と自由が保障されさえすれば、共にオスマン人として、一つの祖国の担い手たり続けうるとする。そして、祖国愛（愛国心、フッブ・ヴァタン）も共有しうるとするのである。この意味でケマルのナショナリズムは、なによりも祖国愛から発する愛国主義（パトリオティズム）であった。

参加と平等の模索

民族も宗派も異にする様々の人々の権利を保障するために、ケマルは、立憲制の必要性を強調する。ケマルはルソーも引きながら、そもそも人民（ハルク）が支配権（ハーキミエット）をもつとし、君主はその代理人として支配権を行使するのであり、それはイスラムの聖法（シャリーア）上も合法的であると説く。

人民の権利を保障すべく、「合議（ミュシェヴレット）」が必要となるのであり、これまたイスラムの聖法上も合法であるとする。そして、これを実現すべく議会を開き、立憲主義国（デヴレッティ・メシュルータ）となるべしとするのである。具体的制度としては、既存の立憲主義諸国の制度に範をとればたりるとする。

この路線は、既に「ギュルハネの勅書」、「平等の勅令」すなわち「改革の勅令」、そして、先のスルタンの「演説」に示されている。法的平等はすでに規定されているのであるから、立憲制の実現により参加の道が確保されれば、民族も宗教も異にする様々の人々からなるオスマン国家も、存立が可能だとするのである。そして、民族や宗派をこえた、同じ祖国に属する同胞としての意見の統一は、教育により得られるとする。ここに現われる限り、トルコにおけるナショナリズムの先駆者とされるナームク・ケマルのナショナリズムは、国民主義としてのナショナリズムであった。

オスマン的限界

トルコ・ナショナリズムの先駆者とされ、バルカンの民族主義としてのナショナリズムが確立しつつある一八六〇年代から七〇年代にかけて活躍したナームク・ケマルのナショナリズムに、トルコ民族主義的な面を見出すことは難しい。確かに彼は、文学と言語の重要性に着目し、独自の文学をもたぬ民族（ミレット）は舌をもたぬ人間の如くだとさえいう。そして、トルコ語（テュルクチェ）を「世界で一級の言語である」と賞揚し、言語改革の必要性を強調している。しかし、彼は、あくまで一方で伝達の媒体としての言語の改革の必要性と、他方で文化の要素としての言語の重要性を論ずるにとどまった。

彼は、たとえ言語の相違が同じところに住み平等を享受する人々の社会的紐帯をそこないうるものであり、別の民族に属していることが同じ祖国に属する同胞であることよりも重要であると考えるのが正当であると考えるにしても、オスマン国家のなかで、アラビアを除くどの地域にも、同一の言語を話し同一の民族に属すると主張する人々がかたまって住んでいるところなどありはしないとする。しかも、アラブ人のみの住むアラビアについていえば、イスラムの統一性とカリフへの服従が、アラブ人をオスマン国家につなぎとめてきたというのである。

ナームク・ケマルは、非ムスリムの諸民族は平等と参加を認めることでオスマン国家の枠組の中につなぎとめることが可能であり、また非トルコ系のムスリムはそもそもイスラムのきずなによってつなぎとめうると考えているのである。

これは、まさにオスマン主義の踏襲であり、ケマルのナショナリズムは愛国主義、国民主義ではあっても、あくまで多民族と多宗教を抱えこむオスマン国家の存続を前提とする国民主義であり、トルコ民族を政治の主体と考えるトルコ民族主義とは異なっていた。

しかも、いかに宗派と民族を異にする様々の人々に平等と参加を認めるとはいえ、オスマン国家は、あくまでイスラムを基軸にイスラムの聖法シャリーアに基づくべきものと考えていた。そして、ヨーロッパ列強は必ず支配下においた人々のキリスト教化をめざすのに対し、西欧人によって不寛容とされるイスラムに基づくオスマン帝国は実ははるかに寛容であり、そのゆえにこそ、今日でさえ、これほど宗派上も民族上も多様な人々を含むことになったと強調するのである。そこでは、バルカン諸民族のあいだではすでに民族のみが国家のよりどころとされ、民族性の基礎をなす言語の相違によってオスマン帝国のバルカン領が「バベルの塔」と化そうとしていた時代の温度とは、はなはだ異質なものが前提とされており、明確にオスマン的限界が表われていた。

憲法発布から再び専制政治へ

ナームク・ケマルを筆頭とする「新オスマン人」のナショナリズムは、いかにバルカンの民族主義としてのナショナリズムとは温度を異にしていたとはいえ、国民主義としての側面で、少なくとも帝都イスタンブルを中心に「西洋化」しつつあるエリートと中間層の一部に影響を与えた。ただ、「新オスマン人」たち自体は、自らの力で国民主義に立脚する民衆の政治への参加を実現することはできなかった。

しかし一八七〇年代になると、開明派の有力政治家の中にも、帝国の一層の改革のために下からの参加の道を開くべく、立憲制をめざす者も現われた。とりわけ、オスマン主義路線に基づく地方における改革で手腕を発揮して頭角を現わした有力政治家ミドハト・パシャは、憲法の制定と立憲政治の実現をめざした。

ミドハト・パシャらは、一八七六年、一層の改革に消極的とみた時のスルタン、アブデュル・アジズを廃位し、開明的といわれたその甥をムラト五世として即位させ、立憲制の実現を図った。しかし、廃帝アブデュル・アジズが怪死して、ムラト五世が精神に異常をきたすと、その異母兄弟アブデュル・ハミト二世を即位させた。そして、折から列強の開いたイスタンブル会議の外圧をも利用して、同年、「基本法」の名の下にオスマン帝国憲法の発布を実現させた。

このオスマン帝国憲法は、アジアにおける最初の本格的な近代憲法であり、スルタンの任命による上院とともに、制限選挙ながら選挙による下院をも備えていた。そして、下院の構成には、ムスリムのみならず、非ムスリムにも一定の議席が与えられており、オスマン主義に基づき、宗教をベースとしながら、下からの参加を実現しようとするものであった。このため憲法発布は、帝国のムスリム臣民のみならず、アルメニア系など一部の非ムスリム臣民にも期待をもたせた。しかし、時のスルタン、アブデュル・ハミト二世は、本心では立憲制を望まず、翌一八七七年には、まず立憲派の中心人物ミドハト・パシャを国外追放し、ついで同年おこった露土戦争の危機のなかで一八七八年に議会を解散すると、憲法も凍結するに至った。こうして、オスマン主義路線にたつ国民国家への道は、一たび閉ざされた。

アブデュル・ハミト二世も、「西洋化」改革の必要性は十分に認識していた。ただ、彼は立憲制下でなく、その祖父マフムート二世のように、君主専制下の「上からの改革」をめざしたのであった。実際、彼の治世にタンズィマート改革の真の成果が次々と結実し始め、オスマン帝国の「西洋化」による「近代化」の試みは新段階に入った。そして、そのことが、彼の専制政治を脅かす要素をも育てることとなった。

3　ムスリムのアイデンティティの諸相

トルコ民族主義

十九世紀を通じて、オスマン帝国の「西洋化」改革は、主にオスマン主義路線の下に進められた。しかし、「西洋化」の過程の中で、一方では近代西欧の文学の影響も入り始め、タンズィマート改革の後半にあたる一八六〇年代には、まず翻訳が試みられ、ついで一八七〇年代以降になると近代西欧文学を範としたトルコ語の創作も模索され始めた。新文学運動は、当然のことながら、それにふさわしいトルコ語への要求をもたらした。アラビア語とペルシア語の影響が単語だけでなく構文にも随所に入り込み難解なオスマン語に対し、より平明なトルコ語の必要性も主張され始めた。そして、「下からの参加」を説く国民主義の追求もまた、コミュニケーションの手段として、エリートたちだけでなく庶民にもわかりやすいトルコ語の必要性と言語の改革への主張を生み出した。

このような状況の中で、新しいタイプのトルコ語辞書もつくられるようになった。とりわけ一八八〇年に刊行された『トルコ語辞典（カムス・テュルキー）』は、純トルコ語系の単語にかなり重点をおいた辞典であった。その著者のシェムセッティン・サーミーは、実はアルバニア系ムスリムで、彼の兄のナーイムはアルバニア民族主義の先駆者として知られる人物であり、そのアイデンティティの構造には複雑なものがあった。しかし、彼の辞書は、言語としてのトルコ語の見直しにおいて重要な位置をしめた。さらには辞書のみならず、世紀末には、トルコ語の新しいタイプの文法書も現われ始めた。

歴史についても、民族としてのトルコ人（テュルク）の歴史のなかでの役割について強調する、スレイマン・パシャが軍学校の歴史教科書として執筆した『世界史』のような著作も現われた。

ただ、このような言語としてのトルコ語や民族としてのトルコ人への新たな関心の高まりも、必ずしも、イスラムやオスマン帝国にかえて、政治的アイデンティティの基礎をトルコ民族たることに求めるものではなく、まして民族国家としてのトルコ民族国家を希求するものではなかった。むしろ、ムスリム意識、オスマン人意識のかたわら、民族としてのトルコ人とその言語、歴史についての関心が生じつつあったにすぎない。

アラブ民族主義の芽ばえ

それでは、オスマン帝国のムスリムの臣民のなかで、トルコ人とともに二つの柱の一つともいうべきアラブ・ムスリムはどうであったろうか。民族としてのアラブ人を「アラビア語を母語とし、自らをアラブ人と意識している人々」と定義すれば、アラブ人は、オスマン帝国の南半の住民の圧倒的多数をしめていた。そしてアラブ人のなかには、ムスリムのみならず、様々の宗派のキリスト教を信奉する者もあった。

アラブ人の場合、既に古くよりアラビア語という言語に基づく、文化的民族意識としてのアラブ人アイデンティティが存在していた。しかし、とりわけアッバース朝の下でイスラム帝国が成立すると、ムスリム意識がアラブ人意識に優越し、しかもアラブ人意識も政治的アイデンティティより伝統的な枠内における文化的アイデンティティにとどまっていた。この事情は、アラブ地域の多くが異民族たるトルコ系のオスマン帝国の支配下に入った後も、さほど変化しなかったであろう。

しかし、アラブ地域においても、十九世紀中葉以降、「西洋の衝撃」の下にアイデンティティの変化の芽が生じてきた。その一つは、文学的関心からの文化的アイデンティティとしての新たなアラブ人意識の追求の試みであった。

オスマン帝国支配下のアラブ地域、とりわけシリア地域においては、様々の宗派に属するアラブのキリスト教徒がいたため、十八世紀以来、特にフランスが影響力の浸透をはかっており、十九世紀中葉になると西欧のキリスト教ミッションにより、新式学校が開かれ始めた。これらの学校で、近代西欧語を学び、近代西欧の諸知識を学んだキリスト教徒アラブ人のなかには、近代西欧文学の影響下に近代文学受容をめざす者が現われた。

彼らのなかには、言語としてのアラビア語の見直しと改革をめざす者もおり、言語の見直しから、自らのアイデンティティについても、民族としてのアラブ人アイデンティティを「再発見」し、宗教を超えて、キリスト教徒のみならずムスリムのアラブ人も、民族としては同一の集団に属することを強調する人々が現われた。ここに、文化的ナショナリズムとして、民族主義としてのアラブ・ナショナリズム、後年、「カウミーヤ」と呼ばれるようになった潮流の端緒が開かれたのである。

他方では、同じく十九世紀中葉以降オスマン帝国の重要な一州であったエジプトにおいて、総督職の世襲をはじめ様々の特権を得たムハンマド・アリー家の支配が定着していくにつれて、「祖国（ワタン）」としてではないにせよ「郷土（ワタン）」としてのエジプトへの帰属意識を育む動きが現われてきた。ここに、後年、アラブ圏の歴史的伝統をもつ地域各々における郷土愛に基づくナショナリズムとしての「ワタニーヤ」の源流も生じる。

しかし、十九世紀中葉の段階では、いずれもバルカンのキリスト教諸民族におけるような独立のネイション・ステイトを志向する政治的ナショナリズムにはなっていなかった。とりわけアラブ・ムスリムの側では、一方でイスラム帝国としてのオスマン帝国への帰属意識は必ずしも揺らいでいなかった。これに加えて、まさにナームク・ケマルも着目していたように、宗教としてのイスラムの紐帯が、民族としてのアラブ人とトルコ人の相違より、むしろ強い力を保っていたのである。

イスラム主義の試み

このような状況の下、非ムスリムの諸民族には宗教によらぬ平等の範囲を拡大しつつ多宗教帝国への変容が試みられる一方、ムスリムの諸民族の統合については、民族によらぬ宗教に基づく同胞意識に訴えかけるべく、すべての基礎をイスラムに求めるイスラム主義が、この点でも意識的にも主張されるようになっていた。すでにナームク・ケマルも、非ムスリムの諸民族に対しては、オスマン主義による宗教を問わない平等の認められた多宗教帝国としてのオスマン帝国へのつなぎとめをはかりつつ、ムスリムの諸民族については、民族を問わぬイスラムの同信者としての同胞意識によって、帝国へつなぎとめることに期待をかけていた。

アブデュル・ハミト二世の時代においては、より明白にイスラム主義路線がうち出された。そして、彼はイスラム主義によって、一方で対内的にアラブ人やクルド人などの帝国内の非トルコ系のムスリム諸民族のつなぎとめをはかるとともに、他方で対外的には世界各地のムスリムへの国際的な影響の強化を通じ、列強の牽制をはかった。その際、オスマン帝国の君主は、世俗的権力者として帝国のスルタンであるとともに、宗教的権威者として全ムスリム共同体の指導者としてのカリフであるといういわゆるスルタン・カリフ制論は、十八世紀から十九世紀にかけ、ようやく定式化されてきたものであったにもかかわらず、ある程度、定着していくこととなった。イスラム世界では、近代ナショナリズムに対しても、十九世紀末においてもなお、宗教としてのイスラムがかなり大きな意味をもちえたのである。

第十一章　帝国の終焉

1　青年トルコ革命への期待と挫折

立憲主義運動へ

オスマン帝国内において、非ムスリムの諸民族のみならずムスリムの諸民族の間にも、アイデンティティの中で民族が新しい形で意識されるようになり、少なくとも言語を中心とする文化的民族主義の萌芽が形成されつつあった十九世紀末から二十世紀初頭にかけては、国民主義の発展にとっても一つの画期をなす時期であった。

一八七六年に発布されたオスマン帝国憲法は、一八七八年には早くも君主主導下の「上からの改革」路線をとろうと秘かに時機をうかがっていた時のスルタン、アブデュル・ハミト二世によって凍結された。「新オスマン人」の流れをくむ立憲派は、帝都イスタンブルを中心に、主として大都市のわずかなエリート、サブ・エリートを支持基盤としていたために、これに対して広汎な人々と地域をまき込んだ対抗運動は組織しえなかった。凍結直後の、立憲派によるいくつかの試みも失敗に帰したのちは、海外に亡命した立憲派指導者の活動が細々と続いたにとどまった。そこに、オスマン帝国における国民主義の大きな限界があった。

しかし、アブデュル・ハミト二世も、近代西欧の外圧に対抗し、「西洋化」改革を進めることには熱心であった。ただ、かつてのマフムート二世のように、君主主導の上からの改革を望んだのであった。実際、マフムート二世改革からタンズィマート改革にかけての改革の試みは、彼の治下で着々と結実をみた。とりわけ新しい知識と技能をもつマン・パワーを確保すべく続けられてきた教育の近代化が著しく進み、近代西欧モデルにのっとった諸学校は順調に発展し、帝都イスタンブルのみならず地方にも普及していった。この流れのなかで、陸軍士官学校までも、地方のいくつかの都市にも開設されていった。

教育における「西洋化」改革の進展は、近代西欧についての新しい知識をもち、新しい志向をもつ可能性をはらむ人々の層を、中央のみならず地方にも飛躍的に拡大し、新しいタイプのエリート、サブ・エリートの厚みが増し、新しいタイプの中間層も育っていった。識字率の向上と新志向の中間層の成長は、出版とジャーナリズムの加速度的な発展をもたらした。そして知識と意見の流通は、政治的不安定を恐れるアブデュル・ハミトの厳しい検閲政策にもかかわらず、加速化していった。

こうした中で、一八九〇年代に入ると、陸軍士官学校、陸軍軍医学校等をはじめ、新式の諸学校の学生、卒業生を中心に、オスマン帝国国内で、スルタンの専制政治に対し立憲制の復活をめざす対抗運動が生じてきた。そのなかでも、特に一八九〇年にイスタンブルの陸軍軍医学校の学生であったアブドゥッラー・ジェヴデットとイブラヒム・テモらによって創始された「統一と進歩協会（イッティハード・ヴェ・テラッキー・ジェミーエッティ）」は、秘密結社方式で、帝都のみならず地方にも組織を拡大していった。

立憲革命への期待

こうして、一八九〇年代から一九〇〇年代初頭にかけて本格化していった立憲革命をめざす動きは、オスマン帝国における国民主義としてのナショナリズムの新段階であった。この運動を主導する人々は、しばしば西欧人により「青年トルコ人（ヤング・タークス、ジュン・トゥルク）」などと呼ばれ、我が国ではその中心となっていった「統一と進歩協会」は、しばしば「青年トルコ党」と呼ばれた。

この運動が展開されていた時期に、文化的民族主義のみならず政治的民族主義としてのトルコ民族主義の萌芽が生じ、発展していった。そして「統一と進歩協会」には、トルコ民族主義的心情に基づく短篇小説を多く著わしたオメル・セイフェッティンや、のちに政治的なトルコ民族主義の理論の建設者となるズィヤ・ギョカルプのような人々が含まれていた。しかし、この時期のオスマン帝国の立憲革命をめざす運動は、基本的にはなお、オスマン主義路線の線上にあった。念頭におかれる政治単位はオスマン帝国であり、そこで解放がめざされる「国民」は、あくまで様々の宗教・言語・民族に属する人々からなるオスマン帝国の臣民なのである。

確かにこの時期には、ムスリム臣民の中にも、トルコ民族主義のみならず、アラブ民族主義が形成されるようになり、クルド民族主義も萌芽が育ちつつあった。さらに、キリスト教徒臣民の中でも、東アナトリアを故郷とするアルメニア人の政治的民族主義が動き始めていた。けれどもなお、政治単位としてはオスマン帝国の枠組を保ちつつ、その中で立憲制を復活させることに期待をかける人々の中には、トルコ系ムスリムのみならず、アラブ系やクルド系やアルバニア系のムスリム、さらには非ムスリムのアルメニア人や帝国領内に残ったギリシア人たちも含まれていた。その意味では、十九世紀末から二十世紀初頭にかけてのアブデュル・ハミト二世の専制に対して立憲制復活をめざす運動は、基本的にはなおオスマン主義的国民主義の運動であったといいうるかもしれない。

ただ、オスマン主義の枠内におさまらない潮流も生まれ育ちつつあった時期に進行した立憲主義運動のなかでは、様々の宗教・民族・言語に属する様々の人々の、相矛盾する期待が交錯していた。

分権派対集権派

立憲制復活運動に参加した人々は、いずれも自らの属する政治体の主体的構成員として、議会を通じて自ら政治過程に参加することをめざしていた。そして、その際にオスマン帝国の存続を前提としていた点で、オスマン主義的国民主義の路線にたっていた。ただ、主としてトルコ系ムスリムの人々には、政治への参加を確保するとともにオスマン帝国体制の堅持のために、帝国の中央政府の機能の強化をもめざす人々があった。これに対し、いまだ帝国の枠内にとどまっている臣民のなかで、非ムスリムのアルメニア人等に加えて非トルコ系のムスリムの間では、帝国中央の政治過程への参加を希求するとともに、自らの自治の範囲を拡大することをめざす人々もあった。それゆえ、オスマン帝国憲法が復活した後の体制についての期待は、まちまちであった。

帝国内のみならず、帝国外の亡命者による運動も続けられた。その中で生まれたものの一つが、分権派と集権派の対立であった。

分権派の中心的論客は、スルタン、アブデュル・メジト一世の外孫でプレンス（プリンス）を自称したサバハッティンであった。彼は、父と共にフランスに亡命し立憲制復活をめざし活動したが、他方で当時のフランス社会学の巨匠デュプレに学び、広汎なテーマにつき小冊子、論文を著わした。サバハッティンは、オスマン帝国の活力の衰えの原因を過度の国家介入にあるとし、活性化の道を個人の営為の強化に求めた。さらに過度の中央集権化に対し「非集権（アーデミ・メルケズィエット）」構想をかかげた。その中で、彼は、帝国の非ムスリム臣民が広汎に享受している自治に対応するものをムスリム臣民にも与えることで、地方と個人の活性化をめざした。

この構想の中には、自治拡大と分権化を期待する諸集団の期待を満たしうるものが含まれていた。しかし、サバハッティンは、フランスを中心にした言論活動に重きをおいたことで、帝国内で自らの支持者を強力に組織化しえなかった。これに対し「統一と進歩協会」は、帝国内に強力な運動を組織すると同時に、帝国中央の強化と集権化を志向したのである。

集権派の勝利

最終目標は異にしながら、スルタンの専制に反対し立憲制をめざす運動は、一九〇〇年代初頭に厚みをましていった。そして一九〇八年、バルカンに残るオスマン領で熾烈な民族紛争が生じつつあったマケドニア駐在軍の若手将校を中心とする「統一と進歩協会」のメンバーが立ち上がり、スルタンとその政府が躊躇する間に彼らの立憲制復活要求への支持が帝国各地に拡がっていった。その中で、アブデュル・ハミト二世は、憲法復活を宣言し、第二次立憲制の時代が到来した。

憲法復活後、検閲が緩和されると新聞雑誌もおびただしく発刊され、複数の政党も現われた。基本的に世俗主義志向の強い「統一と進歩協会」に対して、翌年のイスラム主義者を中心とする反革命の企ては鎮圧され、アブデュル・ハミト二世も退位を余儀なくされたことで、立憲制は定着するかにみえた。「統一と進歩協会」の指導者である若手将校エンヴェルとジェマル、そして郵便局員上がりのタラトは、帝国中央の要人となった。当初、革命家たちは後景にあり、立憲制の枠組内で、既成政治家に政権を委ねていた。

第二次立憲制下の政治の争点の一つは、集権分権論争であった。しかし、結局、国内基盤の弱いサバハッティンの「非集権」構想は敗れ、「統一と進歩協会」主流の集権派が主導権を握り、中央集権化と政府の統制強化に向かった。こうして、個人の自由に重きをおく自由主義派の期待も、自治拡大を期待する非ムスリムや非トルコ系ムスリムの期待も挫折することになった。

2　最終段階

帝国解体の進展

一八七七〜七八年の露土戦争による大喪失ののち、アブデュル・ハミト二世の列強操縦策によるところもあり、一時進行が緩んでいたオスマン帝国の解体過程は、青年トルコ革命を機にかえって加速化された。既に一八七八年に露土戦争に関連してボスニアの行政権を得ていたハプスブルク帝国は、混乱に乗じこれを併合した。しかしクロアティア人とセルビア人とムスリムの共在するボスニアの併合は、のちに第一次世界大戦の原因となり、自らも「バベルの塔」と化しつつあったハプスブルク帝国の崩壊の遠因となった。また、自治侯国となっていたブルガリアは、正式に独立した。こうして、革命の混乱は、帝国の解体をかえって促進することとなるのである。

バルカン戦争

さらに一九一二年になると、今やほぼマケドニアとアルバニアとイスタンブル西方のトラキアを残すのみとなったバルカンのオスマン帝国領の分割を目的に、バルカン諸国が対オスマン戦争を仕掛け、第一次バルカン戦争が始まった。弱体化したオスマン軍は敗北し、マケドニア全体とともに、帝都西方のトラキアとその中心都市でオスマン帝国の第二の首都だったエディルネも失った。

しかし、バルカン諸国は、いずれも第一次バルカン戦争の結果に満足せず、今度はオスマン帝国領の取り分をめぐり、一九一三年に第二次バルカン戦争が始まった。オスマン帝国も失地を回復すべく参戦し、エディルネと東トラキアの奪回に成功した。

この間、バルカン西端のアドリア海岸にあり、人口の多数をムスリムが占め、帝国の枠組の中での自治に期待をかけたこともあるアルバニアも、ついに独立を宣言した。

こうして、十五世紀以来続いたオスマン帝国のバルカン支配は終わりをつげた。パクス・

オトマニカの残滓もバルカンでは消滅し、バルカンは、言語を中心とする民族アイデンティティに拠る民族主義としてのナショナリズムを奉ずる民族国家の割拠する地となり、まさに「バベルの塔」と化した。そして、これまでオスマン帝国を悩ましてきた民族問題は、自らの上にふりかかり、バルカンはまさに「世界の火薬庫」化することとなるのである。

トルコ民族主義への傾斜

かつてのパクス・オトマニカは完全に崩壊し、一方でバルカンの大半も失い、実体としてのオスマン帝国が解体していったにもかかわらず、青年トルコ革命後のオスマン帝国の指導者のアイデンティティの基軸は、なお基本的にはオスマン主義にあった。しかし、一方で近代西欧から直接の、他方で帝国内の諸民族から間接の影響の下に、既に十九世紀末から萌芽が生じつつあった民族主義としてのトルコ・ナショナリズムもようやくこの時期に形をとり始めた。しかし、とりわけオスマン帝国はえぬきのトルコ系ムスリムの場合、そのトルコ民族主義は、ほとんどつねにオスマン主義的なものと分かち難く結びついていた。ただ、オスマン主義と結びついた形であれ、トルコ民族主義的意識の発展のなかで、中央集権化の実を挙ぐべく、アラブ地域の一部でのトルコ語教育、トルコ語使用をめざす試みなどが生ずると、帝国のよりどころを自ら掘りくずし、非ムスリムのみならずイスラムのきずなを持つムスリムの諸民族をも、離間に向かわせる可能性も生じてきた。

こうして、一九一〇年代前半までに、オスマン帝国の解体はほとんど最終段階に近づき、「バベルの塔」化現象は、非ムスリム臣民のみならず、ムスリム臣民にも及んでいく。

3　世界大戦と帝国の黄昏

第一次世界大戦

一九一〇年代初頭にむけ、オスマン帝国に対し西欧列強の新たな外圧も高まった。一九一三年には北アフリカ進出をめざすイタリアにトリポリ（リビア）を奪われた。英仏に対抗し「近東」進出をねらう、カイザー、ヴィルヘルム二世のドイツは、前世紀末からオスマン帝国に接近し、ベルリンと、英国領インドへのペルシア湾ルートの要衝イラクのバグダードと、イスタンブル（ビザンティウム）を結ぶ三B政策実現をめざした。オスマン帝国は、十六世紀以来ハプスブルクを仮想敵国にフランスと友好関係をもち、十八世紀以降はロシアの南進に対し帝国の領土保全をめざすイギリスとの関係を深めた。普仏戦争後は、陸軍士官学校にドイツ人教官を招き、ドイツとも関係を深めていた。

一九一四年、パクス・オトマニカの崩壊の中でのハプスブルクのボスニア併合に反発したセルビア人民族主義者のオーストリア皇位継承権者夫妻暗殺をきっかけに第一次世界大戦が起こった。オスマン帝国中央では、親英仏派と親独派が対立していたが、「統一と進歩協会」系の親独派が勝ち、独墺側で参戦し、宿敵ハプスブルクと同陣営で戦うこととなった。

イスラム主義とパン・トルコ主義と

大戦中のオスマン帝国を指導した「統一と進歩協会」出身のエンヴェル、タラト、ジェマルの三パシャは、なによりもオスマン主義者であった。彼らは「西洋化」改革路線をとり、世俗主義志向であった。さらに彼らは、民族主義としてのトルコ・ナショナリズム、全トルコ民族の連帯への志向をもつパン・トルコ主義的心情をもつに至っていた。

しかし、第一次世界大戦を戦うにあたり、帝国内の全ムスリムの支持を確保し、民族主義の台頭するシリアやイラクのアラブ人を含め、帝国内のアラブ・ムスリムをつなぎとめ、帝国外では世界各地のムスリムにアピールして、ムスリムの住む広大な植民地をもつ英仏を背後からも脅かすべく、パン・イスラム主義政策をもとった。そして、オスマン帝国の君主が、オスマン帝国の君主としてスルタンであるばかりでなく、カリフとして全ムスリム共同体の指導者でもあるというスルタン・カリフ制論をも強調した。

二つの「アラブの反乱」

こうして帝国領内のアラブ人の帝国への忠誠心には亀裂が入っていった。そしてシリアやイラクのアラブ人の一部では近代西欧の影響下にアラブ民族主義が発展しつつあった。もちろんアラブ系ムスリムの場合、かなりの部分がイスラムのきずなとオスマン主義的心情によりオスマン帝国に帰属意識を有していた。しかし、これらの地域のオスマン当局が抑圧的となり、一部のアラブ民族主義的な動きに苛酷な処置をとったことで、アラブの人心も帝国から離れ始めた。これも、一つの「アラブの反乱」であった。

これに対し、アラビア半島の内陸部ネジドでは、伝統的イスラム原理主義の、ワッハーブ派のサウド家が勢力をもっていた。二大聖都メッカとメディナのある紅海岸のヒジャーズでは、預言者ムハンマドの子孫を称するハーシム家のフサインが、オスマン帝国保護下のメッカの太守であった。ハーシム家は、十六世紀以来、オスマン帝国の下で特権を享受してきた。これに対しサウド家は、十八世紀以来、厳格なイスラム原理主義としてのワッハーブ派の教義を奉じ、数次にわたりオスマン帝国に対し反乱し鎮圧されていた。ただし反乱は、あくまでイスラム的反乱であった。

英国は、オスマン帝国内のムスリムの切り崩しをめざし、一方でインド・ルートからサウド家に接近したが、サウド家は動かなかった。他方、エジプト・ルートからハーシム家のフサインにも働きかけ、フサイン・マクマホン書簡で将来、統一アラブ王国を約束されたフサインは、反乱をおこした。これこそ、いわゆる「アラブの反乱」であり、英軍の連絡員として加わったのがアラビアのロレンスであった。この反乱には、アラブ民族主義よりイスラムに拠る、メッカの太守の新たな王国の創設の試みの面もあった。しかし、この「アラブの反乱」は、オスマン帝国のスルタンの「メッカとメディナの二聖都の守護者」の地位を脅かし、大きな打撃を与えた。

敗戦

大戦中、オスマン軍は敗北を重ねた。ただ、ダーダネルス海峡突破をめざした連合国軍に対するゲリボル（ガリポリ）戦役では、オスマン軍が決定的勝利を収めた。その戦勝将軍こそ、後年、アタテュルクの名で知られたムスタファ・ケマル・パシャであり、この戦勝は、アナトリアの運命に大きな意味をもった。

引き続く敗戦の中で、一九一八年、オスマン帝国は連合国に降伏した。この敗戦は、六世紀半近くにわたって存続したオスマン帝国の解体と終焉をもたらすものとなった。

第十二章　エスニック紛争の「入れ子構造」化

1　トルコ共和国の成立

帝国解体とアナトリア分割の危機

第一次大戦で敗戦国となったオスマン帝国は完全に解体し、その旧領の多くは戦勝国の支配するところとなったが、一九二〇年には帝都イスタンブルにも連合国軍が姿を現わし、最後に残された領土アナトリアさえも分割の危機に直面することになった。

大戦中からオスマン帝国の分け取りをめざした英仏伊の列強は、各々の利害にそう地域の占領を開始した。列強の容認下、ギリシアすら、ギリシア人の住むところすべてを「回復」して大ギリシアを再生しようというメガリ・イデア（大理想）実現をめざし、ギリシア系住民の多いアナトリアのエーゲ海岸とその中心都市イズミル（スミルナ）を占領した。

イスタンブルのオスマン政府は、一九二〇年八月、はなはだ不利なセーヴル条約を列強におしつけられた。この条約では実質的オスマン領にはアナトリア中央のわずかな地のみが残り、イスタンブルとボスポラス海峡とダーダネルス海峡は国際監理下におかれ、アナトリアの要地の多くも列強の勢力範囲と化し、エーゲ海岸はギリシア統治下におかれ、住民投票による併合の可能性さえ与えられた。アナトリア東部では、独立のアルメニア国家とクルド人の自治・独立の構想がたてられた。

ケマル・パシャ

しかし、各地で住民の抵抗運動が始まった。一九一九年には、大戦中のゲリボル戦役の勝利で名高い帝国軍人、ムスタファ・ケマル・パシャが、監察官として送られたアナトリアで残存オスマン軍団と民衆の抵抗運動の組織化への活動を始め、「国民闘争（ミッリー・ムジャーデーレ）」は本格化した。一九二〇年四月には、アンカラで各地の代表を集めてトルコ大国民議会を創設し、国権の最高機関たることと、主権在民の原則を宣言した。

イスタンブル政府は、これを反逆と断じた。しかし、ケマル・パシャのアンカラ政府は仏軍などと闘うとともに、一九二一年以降、内陸に進攻したギリシア軍を数次にわたり撃破、翌年にはイズミルも回復しギリシア軍を駆逐した。こうして大ギリシアをめざす「大理想」は崩壊し、トルコ人はアナトリアを確保し政治的存立を保つ可能性を得た。

列強にアンカラ政府を認めさせ休戦協定を結んだケマル・パシャは、セーヴル条約にかわる講和条約締結をめざした。まず、交渉主体を明確化すべく、一九二二年十一月、大国民議会の名の下にカリフ制のみを残してスルタン制を廃し、オスマン帝国は終焉をむかえた。

連合国との交渉は、一九二三年のローザンヌ条約に結実した。従来トルコ大国民議会政府を名のったアンカラ政府は、条約締結後の同年十月、オスマンの帝都イスタンブルから「国民闘争」の拠点アンカラに遷都したのち、共和国樹立を宣言し、トルコ共和国（テュルキエ・ジュムフリエッティ）が成立し、ムスタファ・ケマルが初代大統領となった。イスラム帝国としてのオスマン帝国にかわるネイション・ステイトとしてのトルコが成立した。

ローザンヌ条約では、領土としてイスタンブルと東トラキアとアナトリアのほぼ全域が認められ、ギリシア系住民の圧倒的に多いエーゲ海島嶼部を除きギリシアの領土要求は退けられた。東アナトリアのアルメニア独立国家やクルド人自治・独立構想も否定された。「国民闘争」は、オスマン帝国の最後の領土アナトリアの分割の危機に対する抵抗運動として始まり、当初、守るべきはオスマン帝国であり、オスマン主義者、イスラム主義者など様々の潮流を含む運動だった。しかし、主導権を握ったムスタファ・ケマル・パシャの下で、結果としてアナトリア（アナドル）を中心とする国土としてのトルコ（テュルキエ）に立脚するネイション・ステイトとしてのトルコ共和国の成立に帰着したのだった。

民族国家としてのトルコ共和国

一九二二年、スルタン制廃止に際し、新国家は「ナショナルなトルコ国家（ミッリー・ビル・テュルク・デヴレッティ)」と規定された。一九二四年四月の最初のトルコ共和国憲法には、「トルコ国家(テュルキエ・デヴレッティ)の宗教はイスラム教で、公用語(レスミ・ディリ)はトルコ語(テュルクチェ)である」とある。そこではイスラムは国教とされたが、同年三月にはカリフ制とイスラム法廷も廃止された。そして、一九二六年にはイスラム法(シャリーア)が廃止され、一九二八年の憲法改正でイスラム国教条項が削除され、世俗主義(ラーイクリク)原則が宣言され、イスラムは諸宗教の一つとして個人の内面の信仰に限定された。

こうしてトルコ共和国は、イスラムを統合の基軸とするオスマン帝国とは全く異なる世俗国家となった。憲法には、「トルコ(テュルキエ)の住民は、宗教、人種(ウルク)を問わず国民(ヴァタンダシュ)としてトルコ人(テュルク)と呼ばれる」とあり、トルコの国土としてのアナトリアに立脚する全き国民国家の形をとった。民族色につながりうる要素は、公用語としてのトルコ語に限定された。

しかし現実には、中央アジアまで拡がるトルコ民族全体の連帯をめざすパン・トルコ主義は否定されたが、ムスリム意識、オスマン人意識にかわる新たな政治的アイデンティティの根源は、無色透明な政治単位としての共和国でも、郷土としてのアナトリアでもなく、民族としてのトルコ人(テュルク)意識に求められた。それは、トルコ共和国の国土たるアナトリアに空間を限った一国トルコ民族主義ともいうべきものであった。こうしたなかで、新たなトルコ人アイデンティティ確立をめざし、古代中央アジアまで遡るトルコ民族の歴史・言語・文化研究が奨励され、トルコ歴史学協会、トルコ言語学協会が創設された。「西洋の衝撃」の帰結として成立したこの世俗的なトルコ民族主義は、トルコ共和国の国民に新たな統合の軸を与えたが、その反面でかつてイスラムのきずなの下に顕在化しなかったクルド問題のような民族問題の露頭をもたらすこととなった。

2　バルカンにおけるエスニック問題

旧帝国領における民族・宗教分布の変容

オスマン帝国の解体と伝統的な共存システムの溶解とともに、かつての帝国領の宗教・言語・民族分布は大きく変化していった。旧オスマン領のバルカンでは、アルバニア系ムスリムやボスニアのムスリムを除けば、トルコ系のみならずムスリム系住民が減少する傾向をみせた。他方、オスマン帝国末期以来、アナトリアでは、非ムスリム系の諸民族が大幅に減少していった。東アナトリアに古くより居住してきたアルメニア人の場合、十九世紀末からの民族運動の発生とそれへの弾圧があり、第一次大戦中の一九一五年の強制移住をめぐる混乱と圧迫で大被害をうけ、本来の故郷たる東アナトリアからほとんど姿を消した。

アナトリア中西部に広く分布した正教徒のギリシア人の場合、「国民闘争」中のギリシア軍の敗走に際し、多くが難民となりギリシアに向かった。ギリシア人の住地すべてを「回復」して大ギリシア建設をめざす「大理想」は、かえってギリシア人の分布を狭めた。

ギリシア・トルコ住民交換協定

さらにローザンヌ条約交渉の過程でトルコとギリシアの間で結ばれた一九二三年の住民交換協定は、より両国の人口構成を単純化した。この協約により、イスタンブルのギリシア系住民と、ギリシア領となった西トラキアのトルコ系住民を除き、「トルコ領内に定住するギリシア正教徒」と「ギリシア領内に定住するイスラム教徒」が、各々、ギリシア人、トルコ人として強制交換され、約四十万人の「トルコ人」がトルコへ、約百三十万人の「ギリシア人」がギリシアへ送られた。

しかし実は、この中にはギリシアのギリシア語を母語とするムスリムも、アナトリアのトルコ語のみ解するギリシア正教徒も含まれた。懐かしい故郷ならぬ、見も知らぬ異郷に送られた人々、特に母語を異にする国に送られた人々は、新環境に適応し受け容れられるまでに長く厳しい日々を送り、特に流入者の多かったギリシアでは、大きな社会問題となった。ギリシア・ブルガリア間でも任意の住民交換が行われ、同様の問題を生んだ。

多民族統合の試み

オスマン帝国解体の過程で、帝国の中核をなすトルコ系ムスリムは、オスマン主義もパン・イスラム主義もパン・トルコ主義も挫折した後、アナトリアに拠る一国トルコ民族主義に基づくネイション・ステイトを形成した。メガリ・イデアが挫折したギリシア人もまた、一国ギリシア民族主義によるネイション・ステイトに甘んずることとなった。

多民族帝国ハプスブルク帝国と多宗教帝国オスマン帝国の境界の西端部の人々は、異なる方向をとった。この地域の主な住民は、カトリックでラテン文字を用いるスロヴェニア人やクロアティア人と、正教徒でキリル文字を用いるセルビア人、モンテネグロ人であった。ナショナリズムの衝撃の下、これらの人々も、一方で各々の一国民族主義に基づく民族国家の夢を追い始めた。とりわけ、セルビア人の中にはセルビア語を母語とする者のいるところすべてを包摂する民族国家をめざす大セルビア主義を追求する者も現われた。

これらの人々の母語は、互いに近い南スラヴ語であり、ハプスブルク帝国等の圧力に対抗し、南スラヴ（ユーゴスラヴ）が一体となった南スラヴ人国家をめざす人々も現われた。そして、各々の「民族」の中で、一国民族主義派と南スラヴ連邦派の対立抗争が生じた。

第一次大戦後、ハプスブルクとオスマンの両帝国の崩壊後、この地域の優越国家と化したセルビアの主導下に、一九一八年、南スラヴ人たちを包摂する「セルビア人・クロアティア人・スロヴェニア人王国」が成立した。一九二九年にユーゴスラヴィア王国と改称することとなるこの国家は、公式上は南スラヴ人の単一民族国家とされた。しかし実態は、言語上は近いが宗派と文字を異にし、文化的に異なる諸民族からなる国家であったうえに、言語は同じだが宗教が異なるボスニアのムスリムや、南部にはムスリムのうえに言語も全く異なるアルバニア人も含んでいた。しかも、政治的には大セルビアの夢をすてきれぬセルビア人が主導権を握り、全き平等の連邦を夢みていたクロアティア人やスロヴェニア人との間で摩擦が生じた。この摩擦は、第二次大戦期には、クロアティア人の親ナチ派とセルビア人の民族主義者のすさまじい武力抗争をも惹起した。

第二次大戦後、ようやく反ナチ・パルティザンの指導者チトーの下で、多民族国家としてのユーゴスラヴィア連邦共和国が成立し、一応の共存システムが成立した。しかし、チトーも没し冷戦も終結した一九九〇年以降、その共存システムも諸民族の民族主義的ナショナリズムの台頭とともに崩壊した。そして、ボスニア紛争、コソヴォ紛争などが噴出することになる。ここでも、オスマン帝国の下で数世紀にわたって機能したパクス・オトマニカの崩壊後、これにかわる安定的な共存システムは、遂に確立しえなかったのである。

3 シリア分割とパレスティナ問題の起源

アラブ圏オスマン帝国領の運命

かつてオスマン帝国領の北半をなしたアナトリアとバルカンから南半に目を転ずると、そのほとんどはアラブ圏に属する。西端のアルジェリア、チュニジアは十九世紀中に仏領に、リビアも大戦直前にイタリア領になった。オスマン帝国の宗主権下にあり一八八二年から英軍が駐留していたエジプトも、第一次大戦開戦とともに、英国により独立を宣言させられその保護国となった。わずかに残ったアラビア半島も、開戦後、聖都メッカとメディナのあるヒジャーズが、ハーシム家の「アラブの反乱」の出発点となり、一九一八年にはハーシム家のファイサルのアラブ軍がシリアのダマスクスに入っていた。そして、ダマスクスもその一部をなす、今日のシリア、レバノン、ヨルダン、パレスティナ・イスラエルからなる歴史的シリアのその余の地とイラクは、英軍により占領されつつあった。

一九一八年十月、オスマン帝国が降伏し敗戦国となると、アラブ圏は帝国から切り離され、特にイラクと歴史的シリアは、戦勝国の英仏により分け取りされることとなった。

ダマスクスに入城したファイサルは、フサイン・マクマホン書簡に基づくアラブ王国実現にむけて、組織づくりを始めた。しかし、当の英国は、フランスと一九一六年の英仏露三国のサイクス・ピコ協定を修正しつつ、アラブ圏の旧オスマン領の分け取りの交渉を進め、一九一九年のパリ講和会議で、イラクと歴史的シリアが委任統治領とされ、一九二〇年には、インドへの道のペルシア湾・インド洋ルートの要衝イラクは英国がとり、歴史的シリアについては、インドへの道の要点スエズ運河のすぐ北のシリア南半は英国がとり、フランスは交易とキリスト教布教で影響力を得てきたシリア北部をとった。

ダマスクスにいたファイサルとその下のシリア国民議会は抵抗したが、一九二〇年七月、フランス軍のダマスクス進撃の前に敗退し、ファイサルの構想は霧消した。

英仏が分割した歴史的シリアのうち、仏支配下に入る北半はレバノンとシリア、英支配に入る南半はパレスティナと全く便宜上の地域としてのトランスヨルダンに分かたれた。歴史的シリアは、英仏によるシリア分割を通じ、歴史上初めて四分割され歴史的地域的一体性を失った。今日に至るまで固定化されたこの四分割体制をもたらした外からの不自然な力によるシリア分割は、この地域が中東で最も不安定な地域となる主要原因となった。

パレスティナ紛争の源流

シリア分割により生じた歴史的シリアの四断片中、パレスティナがその最大の被害者となった。かつて古代イスラエル王国が栄え、ローマ治下ではユダヤ教徒が弾圧されたこの地も、七世紀中葉のアラブ・ムスリムの征服後は、ムスリムとキリスト教徒とユダヤ教徒の共存の地となった。圧倒的多数となったムスリムと、少数にとどまったキリスト教徒は、ともにアラビア語を母語とするようになり、アラブ人意識も共有するに至っていた。ユダヤ教徒は、アラブ人意識はもたなかったが、母語にはアラビア語を用いるようになった。

三つの集団の共存状況は、オスマン帝国支配下でも保たれた。ユダヤ教徒は、特別の貢納の代償に、ユダヤ教会の監督下で、固有の宗教と法と生活慣習を保ち自治生活を営み、西欧世界の同胞を中世以来苦しめた激しい迫害や虐殺ともほぼ無縁であった。

この共存システムの攪乱要因は、近代に入り外部から流入した。その最大の源泉は、「西洋の衝撃」の下に「西洋化」しつつあった東欧正教世界のロシアだった。十九世紀に入り、ロシアでも近代西欧の影響下に民族主義が発達し始めたが、その中から偏狭な人種主義としての反ユダヤ主義が生まれ、ときにポグロム（大虐殺）が生ずるに至った。

東西のヨーロッパのユダヤ教徒の中には、シオンの地に安住の地を求めるシオニズムが生まれ、十九世紀末から二十世紀初頭にかけて急速に発達した。こうしてオスマン帝国領であったパレスティナへのユダヤ教徒入植者が増え始めた一方で、シオニズムへの国際的支持を求める運動も進められ、第一次世界大戦中に英国に働きかけ、一九一七年のバルフォア宣言で、パレスティナにユダヤ人の「ナショナル・ホーム」建設を明言させた。

大戦が終結すると、東欧を中心に各地から多数のユダヤ人が流入し、パレスティナ人口の一〇パーセントにもみたぬユダヤ系人口が急増した。シオニストの中には、パレスティナを単なる安住の地とするより、ユダヤ国家建設をめざす運動が高まり、十世紀以上にわたり住民の大多数をなしてきたアラブ系住民との対立と抗争を生み出していった。

パレスティナにおけるアラブ・ユダヤ紛争は、近代西欧のナショナリズムの影響と、英国の介入に最大の原因があった。パレスティナ紛争の激化は、イスラエル建国前後以来、パレスティナ難民の大群を生み、またアラブ圏、否、イスラム圏の各地のアラブ・ユダヤ、ムスリム・ユダヤ教徒の共存関係をそこない、新たなユダヤ難民をも生み出すことになった。

4　紛争の「入れ子構造」

エスニックなモザイクの現実

「西洋の衝撃」の下で、パクス・オトマニカを支えた統合と共存のシステムは溶解し、オスマン帝国は解体し、その諸断片は各々、独自の運命を追求し始めた。そこでは、多くの場合、近代西欧起源のネイション・ステイト・モデルの実現が、民族国家色に偏った方向で希求された。この試みは、しばしば「一民族・一国家・一言語」の理想追求へと向かった。しかし、新しい理想の追求され始めたオスマン帝国の諸断片は、宗教・言語・民族を異にする様々の人々のモザイクのような古い構造を保っていた。

古い現実にみあって成立していた古い統合と共存のシステムが崩壊し、新しい理想が追求されるとき、古い現実にみあった新しい統合と共存のシステムが育み出されるよりは、むしろ古い現実を新しい理想にあわせようとする試みが先行しがちである。このことが、パクス・オトマニカの下で、不平等の下ながら数世紀にわたり、ある程度共存が維持されていた諸社会において、かつてみなかったような激しい民族紛争・宗教紛争の嵐を生じさせることになったのであった。

エスニック紛争の「入れ子構造」

しかも、中東・バルカンにおける様々の宗教・言語・民族に属する人々のモザイク構造は、大社会、大地域から、しばしば街区や村のような小社会、小地域に至るまで貫通していた。このようなところで、とりわけ一元的志向の「一民族・一国家・一言語」の理想が追求され、エスニック紛争が生ずるとき、紛争もまた重層的に生ずることとなった。新ユーゴを例にとれば、コソヴォのアルバニア人はセルビア人主導下の新ユーゴ内では、従属的少数集団として抑圧の下におかれたが、コソヴォの自立性が高まると、新ユーゴ全体では支配的多数者であるセルビア人が、従属的少数者化することとなり、攻守立場をかえた紛争が生じうる。こうして、エスニック紛争は「入れ子構造」をなして発生するようになる。

「入れ子構造」をなす紛争は、はてしなく続きうる。その最大の原因は「西洋の衝撃」の下で、自らの世界とは歴史的背景と文化的伝統を全く異にする近代西欧世界で生み出されたネイション・ステイトという新しい政治単位が理想としてやや相貌をかえつつ受容されたにもかかわらず、古い統合と共存のシステムにかわる、新しい統合と共存のシステムを確立しえなかったことにあるのである。そこで求められるのは、古い現実と新しい理想にともにふさわしい新たな統合と共存のシステムなのである。

エピローグ

二十世紀の世紀末の中東・バルカンを暗く彩る民族紛争・宗教紛争の淵源を求めて、かつてこの地を数世紀にわたり支配したオスマン帝国の生成と解体にまで遡って検討してきた。その結果、明らかとなったのは、この地域では、宗教・言語・民族を異にする種々様々の人間集団が、精妙なモザイクのように入り組んで混在していたという古来の現実があったということである。そして、そこに全く歴史的背景と文化的伝統を異にする西欧世界から、「一民族・一国家・一言語」という明快極まる国家の理想が到来し、この新しい理想と古い現実の相剋が生じ、そこに前代未聞の紛争の嵐がまきおこったということである。

しかも、中東・バルカンの古い現実の背後には、その存続を可能にした、イスラム世界における共存のシステムがあった。異文化世界としての西欧世界から、それを打ち壊すような新しい理想が流入し、異文化間の文化の相剋が生じ、従来の伝統的な共存のシステムを打ち壊したものの、それにかわるべき、多民族・多宗教の新しい共存のシステムはついにまだ成立しえていないのである。この事態は、具体的には、オスマン帝国の下のパクス・オトマニカともよぶべき多宗教・多民族の共存のシステムの溶解過程として現われた。今日、我々がまのあたりにしている中東・バルカンにおける民族紛争・宗教紛争の激発は、まさにこの過程の帰結なのである。

二十一世紀にむけて、我々日本人もまた、多民族・多宗教の共存する世界、多文化社会をいかにして可能としうるかを真剣に考えねばならない地点に到達している。しかし、この十世紀以上にわたり、限りなく単一民族社会に近い同質的な社会に慣れてきた我々には、多民族・多文化の共存といった問題は、はなはだとっつきにくい問題である。

ここで、我々からみて最も不可解にみえる中東・バルカンの世界を例としながら、共存と紛争の問題をとりあげ、さらに、その背景にあるイスラム世界の伝統にまで遡りながら考えてみることは、このような試みにとって、一つの手がかりたりうるように思われる。

そして、このような問題を考えていくとき、我々の視線は、文化の違いと人々の共存のあり方の違いの問題、さらには文化の違いをこえて全き平等の下の共存は可能か、そしてそれはいかなるものでありうるかという次の問題にまで及ぶこととなるのではあるまいか。

学術文庫版あとがき

本書の原本が刊行されたのは、ちょうど二十世紀の最後の年、西暦二〇〇〇年であったが、その頃に比べても、イスラム世界、さらにその中核をなす中東の情勢は、混乱を極めている。そして、民族紛争、宗教・宗派紛争の絶え間ない噴出は、あたかも中東の地域的特性であるかにみえる。

しかし、中東が、民族紛争、宗教・宗派紛争のちまたと化したのは、実はそれほど昔のことではない。民族紛争の火の手が上がりだしたのは、せいぜい二百年あまり前からのことであった。そして、それが深刻となっていく淵源が生まれたのは、一九一八年、すなわち第一次世界大戦が終わった後のことだったのである。しかも、二百余年前に、中東の民族紛争の火種が生まれ、第一次世界大戦後に、紛争が深刻化していく状況が生じたのも、中東地域に内在する問題が原因となったというよりは、外圧的な要因によるところが大きい。その外圧的要因とは、何よりも、台頭してきた近代西欧に発した「西洋の衝撃」なのである。「西洋の衝撃」が、中東・バルカンで六世紀半にわたり存続したオスマン帝国を襲い始め、オスマン帝国の下で成立していた「オスマンの平和＝パクス・オトマニカ」を崩壊させ、それを支えていた世界秩序と社会の統合と共存のシステムをくつがえし、これに代わるべき統合と共存のシステムがいまだ成立していないことが、今日の中東・バルカンの混乱の極めて大きな原因なのである。

オスマン帝国は、かつては、ビザンツ帝国の東半をなしたアナトリアで、十三世紀末にトルコ系ムスリムすなわちイスラム教徒が立ち上げた政治体であったが、後には、前近代のイスラム世界における最後のイスラム的世界帝国となった国家であった。そして、その版図は、地中海世界では、かつてのローマ帝国の版図の四分の三にわたり、これに加えて、東方では、アラビア半島の大半とイラクにまで及んでいた。そして、この広大な領土では、言語も歴史的背景も異にし、様々の宗教・宗派・民族に属する人々が共存していた。

イスラムは、しばしば「コーランか、剣か」の宗教といわれ、オスマン帝国はイスラムを国是としているイスラム帝国であった。しかし、「イスラムは、コーランか、剣か」の宗教というのは、西欧起源のイスラム・イメージであり、日本人は近代西欧経由でイスラムについての知識を得たために、西欧人の抱く虚像が伝わったのである。

「イスラムは、コーランか、剣かの宗教」というイメージは、じつは、「聖書か、剣か」の宗教となってしまった歴史的キリスト教を奉じた中世から近世にかけての西欧人が、自らの姿を、最大の脅威であったイスラムに投影した幻想にすぎない。実際、中世西欧世界は、カトリック一色の、世界史上、稀にみるほど宗教的に不寛容な世界であった。そこでは、異教徒としては、わずかにユダヤ教徒が厳格な差別と隔離の下に許容されるにとどまり、キリスト教徒でも、ローマ・カトリック教会の正統から少しでも外れているとみられると、あるいは異端として、あるいは魔女として抹殺される世界であった。

それに対し、イスラム的世界帝国としてのオスマン帝国では、ムスリム、すなわちイスラム教徒に加えて、キリスト教の諸宗派もユダヤ教徒も、不平等の下ながら存在を許容され、比較的安穏に共存していた。そして、民族・言語については、全く自由であった。このオスマン帝国の「オスマンの平和＝パクス・オトマニカ」とも呼ばれるシステムは、イスラム世界で形成され定着してきた、独自の世界秩序と社会の統合と共存のシステム、そしてそれを支えるアイデンティティの伝統に支えられていたのであった。

しかし、西欧世界が台頭し、オスマン優位がくつがえって西欧が優位に立ち、「西洋の衝撃」がオスマン帝国を襲い、近代西欧で生まれた民族主義としてのナショナリズムの衝撃が、まずはバルカンのキリスト教徒諸民族に、さらに後にはムスリムの諸民族にも浸透していく中で、「オスマンの平和」を支えてきた、伝統的アイデンティティと統合と共存のシステムは崩壊していった。

オスマン帝国は、第一次世界大戦で敗戦国となり解体された。しかし、その後も、かつて「オスマンの平和」を支えたアイデンティティと、それに支えられた宗教・宗派を軸とする統合と共存のシステムに代わりうる、新たな安定したアイデンティティと平等に基づく統合と共存のシステムは、創出されていない。そして、これが現代の中東、さらにはバルカンにおける民族紛争、宗教・宗派紛争の激化を招いているのである。

本書では、「オスマンの平和」を支えたアイデンティティと統合のシステムを、その淵源であるイスラム的伝統にまで遡りつつ明らかとするとともに、「西洋の衝撃」の下におけるその崩壊解体過程をたどることにつとめた。本書で示された知見をふまえてみるとき、パレスティナ紛争やクルド紛争のような現今の中東の紛争、そして、東西冷戦終結後のボスニア紛争、コソヴォ紛争のような現代バルカンの紛争についても、より深く実相にせまりうるはずである。現代をよりよく理解するためには、歴史をより深く知ることが、必要なのである。

さらにまた、我が国においても、人口減少対策として、「多文化共存社会となることが必要だ」といった論議もきかれる。しかし、多文化共存社会が、とりわけ「平等」の原則の下に成立することが、いかに難しいことかが、オスマン帝国における「パクス・オトマニカ」すなわち「オスマンの平和」の形成と崩壊の物語を知ることで、如実に感ぜられるのではなかろうか。歴史を知ることは、現在と未来について思いをめぐらすときにも、役立ちうるのではなかろうか。

二〇一八年　二月　三日

鈴木　董

オスマン帝国関連年表

西暦	出来事
六二二	ヒジュラ（聖遷）。イスラムの預言者ムハンマドがメッカからメディナに逃避。ヒジュラ（イスラム）暦元年
六三二	預言者ムハンマド逝去。四大正統カリフ時代始まる
六六一	第四代カリフ、アリーが暗殺され、ウマイヤ家のムアーウィアがカリフとなりダマスクスを都にウマイヤ朝を創始。スンナ派とアリーの系統を支持するシーア派の分裂の原点
七五〇	アッバース朝カリフ始まる。アラブ・ムスリムと非アラブ・ムスリムの平等化を実現
七五一	タラス河畔の戦い。アッバース朝軍、唐軍を破る
七五六	イベリアで後ウマイヤ朝成立。イスラム世界の政治的分裂始まる。ただし、カリフでなくアミール（太守）と称する
一〇五五	トルコ系ムスリムのセルジューク家のトゥグリル・ベクがバグダードに入りアッバース朝カリフからスルタン号を許され、大セルジューク朝成立
一〇七一	マラズィギルト（マンズィケルト）の戦いで、大セルジューク朝軍がビザンツ軍を破り、アナトリアに進出
一〇七七	ルーム・セルジューク朝成立。アナトリアを席捲
一〇九六	第一次十字軍結成
一〇九七	第一次十字軍、アナトリアに侵攻し、ルーム・セルジューク朝軍を破り、エルサレムへ向かう
一二四三	ルーム・セルジューク朝軍、モンゴル軍に敗れ衰退。アナトリアは諸君侯国時代になる

一二九九	一般に、オスマン帝国の創設の年とされる
一三二六	第二代オルハンがビザンツ都市ブルサを征服し、最初の首都とする
一三六〇	第三代ムラト一世、バルカンに進出
一三八九	コソヴォの戦い。オスマン軍、セルビア主導のバルカンのキリスト教徒連合軍を大破
一三九六	ニコポリスの戦い。第四代バヤズィット一世がニコポリス十字軍を大破
一四〇二	アンカラの戦いで、バヤズィット一世がティムールに敗れ、オスマン帝国は分裂の危機に瀕する
一四一三	第五代メフメット一世が再統一
一四五三	第七代メフメット二世が、コンスタンティノポリスを征服。ビザンツ帝国滅亡
一五一四	チャルディラーンの戦い。第九代セリム一世、イランのシーア派のサファヴィー朝のシャー・イスマーイールを破る
一五一六〜一七	セリム一世、マムルーク朝を征服し、エジプト、シリア、そしてメッカとメディナの二大聖地とエルサレムを手中にする
一五二〇	第一〇代スレイマン一世（大帝）即位（〜六六年）
一五二一	スレイマン大帝の第一回の親征でベオグラードを征服
一五二六	モハチュの戦い。スレイマン大帝の第三回の親征で、ハンガリー軍を大破し、ハンガリーの大半を支配下におさめる
一五二九	第一次ウィーン包囲。短期で撤退したが、西欧世界に衝撃を与える
一五三八	プレヴェザの海戦で、キリスト教徒連合艦隊を大破
一五六六	スレイマン大帝逝去
一五七一	キプロスを征服したが、レパントの海戦で、キリスト教徒連合艦隊に大敗
一五七四	チュニジアを支配下におさめる

一六八三	第二次ウィーン包囲に失敗
一六九九	カルロヴィッツ条約を締結。ハンガリーの大半を失う
一七一一	プルート戦役。ピョートル大帝敗れ、黒海沿岸から撤退
一七一八	パサロヴィッツ条約を締結。ハンガリーのすべてを失い、ベオグラードも一時失う
一七三四	チューリップ時代（〜三〇年）。対西欧宥和政策をとる
一七三九	第二四代マフムート一世時代に、亡命フランス軍人ド・ヴォヌヴァルを起用し砲兵改革
一七六二	ベオグラードを、ハプスブルク帝国から奪回
一七七四	修道士パイシー、ブルガリア語でブルガリア史を書く
一七八三	キュチュク・カイナルジャ条約で、エカテリーナ二世、クリム汗国を完全に独立させる
一七八九	ロシア帝国がクリム汗国を併合
一七九八	第二八代セリム三世即位。体系的「西洋化」改革を開始へ
一八〇四	ナポレオン、エジプトに侵入
一八〇六	セルビア蜂起
一八〇七	露土戦争（〜一二年）
一八〇八	セリム三世、廃位され幽閉。改革は挫折
一八一四	セリム派、巻き返すも、セリム三世が暗殺され第三〇代マフムート二世擁立。一方、守旧派も巻き返す
一八二一	オデッサで、ギリシア人民族主義者が「友愛協会」を創設
	ギリシア独立戦争始まる。ギリシア正教のイスタンブル総主教、ギリシア人の管理責任をとわれ処刑される

一八二六	マフムート二世、イェニチェリ軍団を廃止。新式のムハンマド常勝軍を創設
一八三〇	ロンドン議定書で、ギリシアの完全独立を国際的に承認。フランスがオスマン領アルジェリアを植民地化
一八三三	ギリシア人通訳官にかえて、ムスリム・トルコ系の通訳官養成のため翻訳室創設
一八三九	マフムート二世、エジプト総督ムハンマド・アリー軍がアナトリアに進撃するなか、死去 第三一代アブデュル・メジト一世即位。「ギュルハネの勅書」発布。タンズィマート改革始まる（〜七六年）
一八四一	ブルガリアで蜂起
一八五三	クリミア戦争（〜五六年）
一八五六	「改革の勅令」。宗教・宗派をとわず、オスマン臣民としての平等を宣言
一八六一	ワラキア（エフラク）とモルダヴィア（ボーダン）の統合。ルーマニア自治侯国成立
一八六九	スエズ運河、フランス人技師・レセップスにより開通
一八七五	スエズ運河会社のムハンマド・アリー家の持ち株をイギリスが買収
一八七六	憲法制定をめざし、第三二代アブデュル・アジズ、ついで第三三代ムラト五世が次々に廃位。第三四代アブデュル・ハミト二世が即位。オスマン帝国憲法（「基本法」）発布
一八七七	立憲派の中心人物ミドハト・パシャ追放。露土戦争（〜七八年）
一八七八	アブデュル・ハミト二世、議会を解散、憲法を凍結。ブルガリア、自治侯国になる。ハプスブルク帝国が、ボスニアの行政権を獲得
一八八一	フランス、チュニジアを保護領にする。ルーマニア王国成立
一八八二	オーラビー・パシャのクーデタをきっかけにイギリスが出兵。エジプトを事実上の保護国化、スエズに駐在軍をおく

一八九〇	立憲制の復活をめざす「統一と進歩協会」、秘密結社として結成
一八九七	トルコ・ギリシア戦争。ギリシア敗れる
一九〇八	七月二三日、青年トルコ革命、オスマン帝国憲法復活。一〇月六日、ハプスブルク帝国がボスニア併合
一九〇九	四月一三日、「三月三十一日事件」、イスラム主義者主導で反革命クーデタ、まもなく鎮圧。四月二五日、アブデュル・ハミト二世廃位。セラニキ（テッサロニキ）に配流
一九一一	トルコ・イタリア戦争（〜一二年）。オスマン帝国敗れ、リビアを失う
一九一二	二次にわたるバルカン戦争（〜一三年）。第一次バルカン戦争でオスマン帝国はエディルネと東トラキアを含むバルカン領のほとんどを失う。しかし第二次バルカン戦争で、エディルネと東トラキアは奪回
一九一四	六月二八日、サラエヴォ事件。ハプスブルク帝国の皇位継承権者フェルディナント夫妻暗殺。七月二八日、第一次世界大戦始まる。一一月一一日、オスマン帝国が独墺側で参戦
一九一五〜一六	ゲリボル戦役で英仏軍を撃退、ムスタファ・ケマル、戦勝指揮官として名声をうる
一九一八	一〇月三〇日、モンドロス休戦協定に調印。オスマン帝国降伏
一九一九	五月五日、ムスタファ・ケマル・パシャ、アナトリアに軍監察官として派遣される。五月一五日、ギリシア、イズミルに派兵。五月一九日、ムスタファ・ケマル・パシャ、サムソンに上陸。抵抗運動の組織化にとりかかる
一九二〇	三月一六日、連合軍、イスタンブルを占領。四月二三日、アンカラで「トルコ大国民議会」開く。六月一九日、ギリシア軍、エーゲ海沿岸からアナトリア内陸部に侵攻開始。八月一〇日、セ

	ーヴル条約締結。オスマン帝国の解体の枠組み確定
一九二二	九月二三日、サカリヤの戦いで、ギリシア軍敗退
一九二二	九月九日、イズミルに入り、ギリシア軍撤退。一一月一日、スルタン制廃止。一一月一八日、カリフとしてアブデュル・メジト二世を選任
一九二三	一月三〇日、トルコ・ギリシア住民交換協定。七月二四日、ローザンヌ条約調印。一〇月二七日、イスタンブルからアンカラへ遷都。一〇月二九日、トルコ共和国宣言
一九二四	三月三日、カリフ制廃止。五月二四日、トルコ共和国憲法発効
一九二六	シャリーア、法律として無効化、民法、新刑法制定
一九二八	四月、トルコ共和国憲法改正、イスラム国教条項を削除。一一月、文字改革。アラビア文字にかえてラテン文字を採用。一二月末以降、アラビア文字使用禁止

本書の原本は、二〇〇〇年、筑摩書房より刊行されました。

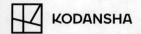

鈴木　董（すずき ただし）

1947年生まれ。東京大学法学部卒業，同大学院法学政治学研究科博士課程修了。法学博士。東京大学東洋文化研究所名誉教授，トルコ歴史学協会名誉会員。専門はオスマン帝国史，イスラム世界史。比較史・比較文化にも強い関心を持つ。著書に『オスマン帝国』『イスラムの家からバベルの塔へ』『オスマン帝国とイスラム世界』『世界の食文化―トルコ』『文字と組織の世界史』などがある。

講談社学術文庫

定価はカバーに表示してあります。

オスマン帝国《ていこく》の解体《かいたい》

文化《ぶんか》世界《せかい》と国民国家《こくみんこっか》

鈴木《すずき》　董《ただし》

2018年3月9日　第1刷発行
2024年5月24日　第3刷発行

発行者　森田浩章
発行所　株式会社講談社
東京都文京区音羽 2-12-21 〒112-8001
電話　編集（03）5395-3512
販売（03）5395-5817
業務（03）5395-3615

装　幀　蟹江征治
印　刷　株式会社ＫＰＳプロダクツ
製　本　株式会社国宝社
本文データ制作　講談社デジタル製作

ISBN978-4-06-292493-1

「講談社学術文庫」の刊行に当たって

これは、学術をポケットに入れることをモットーとして生まれた文庫である。学術は少年の心を養い、成年の心を満たす。その学術がポケットにはいる形で、万人のものになることは、生涯教育をうたう現代の理想である。

こうした考え方は、学術を巨大な城のように見る世間の常識に反するかもしれない。また、一部の人たちからは、学術の権威をおとすものと非難されるかもしれない。しかし、それはいずれも学術の新しい在り方を解しないものといわざるをえない。

学術は、まず魔術への挑戦から始まった。やがて、いわゆる常識をつぎつぎに改めていった。学術の権威は、幾百年、幾千年にわたる、苦しい戦いの成果である。こうしてきずきあげられた城が、一見して近づきがたいものにうつるのは、そのためである。しかし、学術の権威を、その形の上だけで判断してはならない。その生成のあとをかえりみれば、その根は常に人々の生活の中にあった。学術が大きな力たりうるのはそのためであって、生活をはなれた学術は、どこにもない。

開かれた社会といわれる現代にとって、これはまったく自明である。生活と学術との間に、もし距離があるとすれば、何をおいてもこれを埋めねばならない。もしこの距離が形の上の迷信からきているとすれば、その迷信をうち破らねばならぬ。

学術文庫は、内外の迷信を打破し、学術のために新しい天地をひらく意図をもって生まれた。文庫という小さい形と、学術という壮大な城とが、完全に両立するためには、なおいくらかの時を必要とするであろう。しかし、学術をポケットにした社会が、人間の生活にとってより豊かな社会であることは、たしかである。そうした社会の実現のために、文庫の世界に新しいジャンルを加えることができれば幸いである。

一九七六年六月　　　　野間省一

外国の歴史・地理

竹内弘行著
十八史略
神話伝説の時代から南宋滅亡までの中国の歴史を一冊に集約。韓信、諸葛孔明、関羽ら多彩な人物が躍動し、権謀術数は飛び交い、織りなされる悲喜劇——。簡潔な記述で面白さ抜群、中国理解のための必読書。

1899

浜林正夫著
世界史再入門 歴史のながれと日本の位置を見直す
生産力を発展させ、自由・平等を求めてきた人類の歴史を、特定の地域に偏らない普遍的視点から捉える。教科書や全集では摑めなかった世界史の大きな流れを概説し、現代世界の課題にも言及する画期的な試み。

1927

鹿島　茂著
ナポレオン フーシェ タレーラン 情念戦争1789―1815
「熱狂情念」のナポレオン、「陰謀情念」の警察大臣フーシェ、「移り気情念」の外務大臣タレーラン。情念史観の立場から、交錯する三つ巴の心理戦と歴史事実の関連を読み解き、熱狂と混乱の時代を活写する。

1959

山上正太郎著（解説・池上　彰）
第一次世界大戦 忘れられた戦争
「戦争と革命の世紀」はいかにして幕を開けたか。交錯する列強各国の野望、暴発するナショナリズム、ボリシェヴィズムの脅威とアメリカの台頭……。「現代世界の起点」を、指導者たちの動向を軸に鮮やかに描く。

1976

杉山正明著
クビライの挑戦 モンゴルによる世界史の大転回
チンギス・カンの孫、クビライが構想した世界国家と経済のシステムとは？「元寇」や「タタルのくびき」など「野蛮な破壊者」というモンゴルのイメージを覆し、西欧中心・中華中心の歴史観を超える新たな世界史像を描く。

2009

鹿島　茂著
怪帝ナポレオン三世 第二帝政全史
ナポレオン三世は、本当に間抜けなのか？偉大な皇帝ナポレオンの凡庸な甥が、陰謀とクー・デタで権力を握っただけという紋切り型では、この摩訶不思議な人物の全貌は摑みきれない。謎多き皇帝の圧巻の大評伝！

2017

外国の歴史・地理

川北　稔著
イギリス　繁栄のあとさき
今日英国から学ぶべきは、衰退の中身である――。産業革命を支えたカリブ海の砂糖プランテーション。資本主義を担ったジェントルマンの非合理性……。世界システム論を日本に紹介した碩学が解く大英帝国史。

2224

本村凌二著
愛欲のローマ史　変貌する社会の底流
カエサルは妻に愛をささやいたか？　古代ローマ人の愛と性のかたちを描き、その内なる心性と歴史の深層をとらえる社会史の試み。性愛と家族をめぐる意識の変化は、やがてキリスト教大発展の土壌を築いていく。

2235

笈川博一著
古代エジプト　失われた世界の解読
二七〇〇年余り、三十一王朝の歴史を繙く。ヒエログリフ（神聖文字）などの古代文字を読み解き、『死者の書』から行政文書まで、資料を駆使して、宗教、死生観、言語と文字、文化を概観する。概説書の決定版！

2255

篠田雄次郎著
テンプル騎士団
騎士にして修道士。東西交流の媒介者。王家をも経済的に支える財務機関。国民国家や軍隊、多国籍企業の源流として後世に影響を与えた最大・最強・最富の軍事的修道会の謎と実像に文化社会学の視点から迫る。

2271

ロベール・ド・ボロン著／横山安由美訳・解説
西洋中世奇譚集成　魔術師マーリン
神から未来の知を、悪魔から過去の知を授かった神童マーリン。やがてその力をもって彼はブリテンの王家三代を動かし、ついにはアーサーを戴冠へと導く。波乱万丈の物語にして中世ロマンの金字塔、本邦初訳！

2304

橋場　弦著
民主主義の源流　古代アテネの実験
民主政とはひとつの生活様式だった。時に理想視され、時に衆愚政として否定された「参加と責任のシステム」の実態を描く。史上初めて「民主主義」を生んだ古代アテナイの人びとの壮大な実験と試行錯誤が胸をうつ。

2345

哲学・思想・心理

セーレン・キェルケゴール著／鈴木祐丞訳
死に至る病
「死に至る病とは絶望のことである」。この鮮烈な主張を打ち出した本書は、キェルケゴールの後期著作活動の集大成として燦然と輝く。最新の校訂版全集に基づいてデンマーク語原典から訳出した新時代の決定版。 2409

計見一雄著
統合失調症あるいは精神分裂病 精神医学の虚実
昏迷・妄想・幻聴・視覚変容などの症状は何に由来するのか？　「人格の崩壊」「知情意の分裂」などの謬見はしだいに正されつつある。脳研究の成果も参照し、病の本態と人間の奥底に蠢く「原基的なもの」を探る。 2414

池田知久著
『老子』 その思想を読み尽くす
老子の提唱する「無為」「無知」「無学」は、儒家思想のたんなるアンチテーゼでもニヒリズムでもない。最終目標の「道」とは何か？　哲学・倫理思想・政治思想・自然思想・養生思想の五つの観点から徹底解読。 2416

ジョン・E・マクタガート著／永井　均訳・注解と論評
時間の非実在性
はたして「現在」とは、「私」とは何か。A系列（過去・現在・未来）とB系列（より前とより後）というマクタガートが提起した問題を、永井均が縦横に掘り下げてゆく。時間の哲学の記念碑的古典、ついに邦訳。 2418

竹田青嗣著
ハイデガー入門
「『ある』とは何か」という前代未聞の問いを掲げた未完の大著『存在と時間』を豊富な具体例をまじえながら分かりやすく読解。「二十世紀最大の哲学者」の思想に接近するための最良の入門書がついに文庫化！ 2424

中島義道著（解説・入不二《いりふじ》基義《もとよし》）
哲学塾の風景 哲学書を読み解く
カントにニーチェ、キルケゴール、そしてサルトル。哲学書は我流で読んでも、実は何もわからない。必要なのは正確な読解。読みながら考え、考えつつ読む、手加減なき師匠の厳しくも愛に満ちた指導を完全再現。 2425

《講談社学術文庫　既刊より》